GEUL TEA

2급생활·유소년·노인스포츠지도사

파크골프 실기 및 구술시험 가이드북

박성두·이광자 공편

글터
GEUL TER

파크골프는 저비용으로 누구나 쉽게 즐길 수 있으며, 구장의 접근성과 운동효과가 우수한 생활스포츠입니다. 최근에는 다양한 연령층의 사람들이 파크골프를 즐기며, 특히 가족이나 친구가 함께하는 스포츠로 성장해 가고 있습니다. 이러한 환경에서 파크골프의 미래 발전과 동호인들을 위해서 스포츠지도사 자격증 소지자는 많이 필요하다고 할 수 있습니다.

본 가이드북은 경기규칙 등 최근까지 개정한 내용을 참고하였으며, 스포츠지도사 실기 및 구술시험을 대비한 주요 내용을 체계적으로 총정리한 책입니다. 스포츠지도사 실기 및 구술시험의 응시자들이 쉽게 이해하면서 준비할 수 있도록 최근까지 출제된 기출문제와 예상문제 등의 자료를 수집한 후, 집필한 문제집이라 할 수 있습니다.

본 가이드북의 구성 내용은 다음과 같습니다.
제1장 파크골프 기본
제2장 파크골프 실기 및 지도
제3장 파크골프 에티켓과 매너, 안전관리
제4장 파크골프 경기규칙
제5장 파크골프 용어

제6장 파크골프 구술시험 예상문제
제7장 스포츠지도 구술시험 예상문제

끝으로, 파크골프 스포츠지도사 응시자들이 쉽게 실기 및 구술시험을 합격하는데 활용하시기를 기대하며, 본 가이드북을 집필하는데 도움을 주신 파크골프 저서 관련 저자님, 실기 및 구술시험의 예상문제를 발표하신 발표자님 등에게 진심으로 감사의 말씀을 드립니다.

목 차

목 차

파크골프
기본

1.1 파크골프 소개(Parkgolf introduce)

1) 파크골프(Parkgolf)란?

  ① **파크골프(Parkgolf) 정의**

    - 공원에서 즐기는 골프경기의 합성어이다.

      Park(공원) + Golf(골프) = Parkgolf(파크골프)

    - 파크골프는 자연환경을 벗삼아 공원 등의 잔디구장에서 지인들과 함께 즐길 수 있는 운동 종목이다.

    - 3~4명이 1개 조로 클럽과 공을 가지고, 파크골프장에서 쉽게 경기할 수 있는 생활스포츠이다.

  ② **파크골프(Parkgolf)가 일반골프와 다른 점**

    - 클럽 1개로 경기를 한다.

    - 공의 크기는 지름이 6cm이다.

    - 홀을 크게 축소하여 재편성한 것이다.

    - 경기 중 벌타는 모두 2벌타이다.

    - 홀 컵의 지름은 20cm이다.

    - 깃대는 뽑지 않고 경기를 한다.

    - OB처치 방법은 2클럽 이내이다.

    - 9홀의 기본타수는 33타이다.

  ③ **파크골프(Parkgolf)의 역사**

    A. 일본

    - 1983년 홋카이도 토치카지방의 마크베츠공원 내 7홀의 간이 파크골프장에서 처음 시작

    B. 한국

    - 2000년 진주에서 6홀의 상락파크골프장을 건설

- 2004년 (사)대한파크골프연맹이 보급활동을 시작

  여의도 한강파크골프장 9홀 조성 후, 국내에 전파되기 시작

- 2022년 문화체육관광부 스포츠클럽법 시행

④ **파크골프(Parkgolf)의 장점**

- 어린이부터 노인까지 3세대가 함께 즐길 수 있는 운동이다.

- 파크골프는 운동효과가 우수하며, 1만보 정도의 운동이 가능하다.

- 파크골프는 스트레스 해소가 우수하며, 취미로 즐길 수 있는 운동이다.

- 친목도모를 하면서 비용이 적게 드는 최고의 스포츠이다.

- 파크골프는 공원 등에 조성되어 복지예산 절감효과가 크다고 볼 수 있다.

⑤ **파크골프(Parkgolf)를 꼭 해야 하는 이유**

- 접근성 : 파크골프는 도시, 지역의 공원, 개발된 공간에 위치하여 접근하기 쉬
  워서 편리하게 파크골프를 즐길 수 있다.

- 경제성 : 파크골프는 저렴한 비용으로 즐길 수 있다.

- 다양성 : 파크골프는 다양한 난이도와 디자인의 코스를 제공하기 때문에 초보
  자부터 전문가까지 자신에게 맞는 코스를 찾을 수 있다.

- 자연과의 조화 : 파크골프는 자연환경과 조화롭게 조성되어 있기 때문에 파크
  골프를 즐기면서 스트레스를 풀고, 휴식을 취할 수 있다.

- 가족 및 친구와의 활동 : 파크골프는 다양한 연령대와 실력자들이 함께 즐길
  수 있으며, 코스 주변에는 휴식공간이나 기타 활동을 즐길 수 있는
  시설들도 많이 있다.

⑥ **준비운동과 정리운동**

  A. 준비운동

  · 파크골프 경기에서 몸이 굳은 상태로는 좋은 경기를 할 수 없으므로, 준비
    운동은 철저히 하여야 한다.

· 대부분의 안전사고나 부상을 입은 사례를 보면, 경기 전에 준비운동이 부족한 가운데, 공을 조금이라도 잘 치겠다는 욕심을 내면서 무리한 경기를 한 경우가 많다고 볼 수 있다.
· 따라서, 준비운동을 하지 않고 경기를 하면 근육이 굳어지고 감각이 둔해져서 무리하게 스윙을 하면서 몸에 부담이 증가되어, 팔꿈치와 어깨 등에 부상이 발생할 수 있다고 볼 수 있다.
· 충분히 준비운동을 하여 신체의 근육(엘보, 근육파열), 관절, 모든 조직의 혈액순환이 활발해지고, 파크골프 스윙으로 인한 스트레스 없이 부상과 안전사고를 예방할 수 있게 한다.

B. 정리운동

· 경기종료 후 간단한 스트레칭은 피로회복과 근육이완에도 큰 도움이 되므로, 경기 이후에 충분한 정리운동을 하여 호흡, 맥박 등을 경기 전의 상태로 회복시켜 주는 것이 좋다.
· 파크골프 운동 중 어깨에 통증이나 부상을 입었을 경우에는 일단 운동을 중지하고 휴식을 취하여야 하며, 증상이 호전되지 않으면 병원을 너원해 정밀검사를 받아 보는 것이 좋다.

C. 연습의 중요성

· 파크골프는 연습이 성공을 부른다고 할 수 있다.
· 파크골프는 즐거운 마음으로 경기를 할 때 성공할 확률이 높아지므로, 마음의 문을 열고 성공에 대한 확신을 갖고 연습을 열심히 할 때 실력이 향상된다.
· 라운드 전날에는 어떻게 연습을 하는 것이 좋은가?
  a. 너무 많은 샷 연습은 바람직하지 못하다.
  b. 연습장에서는 평소보다 가볍게 어프로치 연습만 한다.
  c. 짧은 거리의 샷 감각을 되살리는데 신경을 써야 한다.
  d. 퍼팅연습은 라운드 전날 반드시 해 보는 것이 좋다.

e. 파크골프 채를 가볍게 잡고, 빈 스윙연습을 하는 것도 좋다.

⑦ 건강관리

A. 걷기의 효과 : 파크골프를 하면서 걷는 유산소운동의 효과는 다음과 같다.
  · 하체가 전체적으로 단련이 된다.
  · 산소 공급능력이 향상된다.
  · 비만, 성인병이 개선된다.
  · 스트레스가 해소된다.

B. 걸음과 건강 : 10년 동안 65세 이상 노인의 걸음수와 운동효과를 측정한 결과
  · 하루에 4,000보를 걸은 사람은 우울증이 없어졌고
  · 하루에 5,000보를 걸은 사람은 치매, 심장질환, 뇌졸중을 예방하고
  · 하루에 7,000보를 걸은 사람은 골다공증, 암을 예방하고
  · 하루에 8,000보를 걸은 사람은 고혈압, 당뇨를 예방하고
  · 하루에 10,000보를 걸은 사람은 대사증후군을 예방할 수 있다.
  1주일에 5일 이상 많이 걷는 것은 필수이며, 모든 병은 걷지 않기 때문에 생긴다. 다리가 아프도록 걸으면 고통스럽지만 숙면을 하게 되고, 숙면동안 피를 잘 돌게 해주기 때문에, 결국은 몸을 건강하게 만들어 준다.

C. 부상의 원인
  · 파크골프는 같은 방향으로 동작을 반복하기 때문에 인대나 근육에 부상을 입을 수 있다.
  · 파크골프의 실력을 향상시키려고 지나치게 연습을 많이 하면 부상을 입을 수 있다.
  · 파크골프의 스윙을 잘못된 동작으로 반복연습을 하는 것은 심각한 부상으로 이어질 수 있다.

1.2 파크골프장 구성

1) 코스(Course)의 홀(Hole) 구성

① 파크골프장

9개 홀을 1개 코스로 구성한다.

예) 9홀은 1개 코스(A코스)

18홀은 2개 코스(A코스, B코스)

27홀은 3개 코스(A코스, B코스, C코스)

36홀은 4개 코스(A코스, B코스, C코스, D코스)

② 1개 코스(Course)의 홀(Hole) 구성

홀	개수	길이	합계 타수
Par3(쇼트 홀)	4개	40~60m	12타
Par4(미들 홀)	4개	60~100m	16타
Par5(롱 홀)	1개	100~150m	5타
합계	9개	500~790m(1개 코스)	33타(기준타수)

※ 1개 코스면적 : 약 2,500평 이상

2) 파크골프장의 시설물

경기장은 티잉 그라운드, 페어웨이, 러프, 벙커, 워터 해저드, 그린, 홀과 기타 지역으로 되어 있다. 경기장의 경계는 선이나 말뚝으로 표시하며, 경계선 밖은 경기가 금지된 OB지역으로 벌타가 부가된다.

① 파크골프장 안내판

- 파크골프장 입구에 설치한 고정 설치물이다.
- 파크골프장의 현황과 각 홀의 배치상황 등을 쉽게 알 수 있도록 알려 주는 안내판이다.

② 티잉 그라운드(Teeing ground)

- 각 홀의 시작하는 장소를 말하며, 제1타를 치기 위해 공을 올려놓을 수 있는 지역으로 지정되어 있는 장소이다. 티 위에 공을 놓고 티 샷을 하는 것은 저항을 적게 하여, 거리와 방향성을 좋게 하기 위한 것이다.
- 티 높이는 2.3cm 이하, 티잉 그라운드 크기는 1.5m×1.5m ~ 2m×2m로 정해져 있으며, 티를 놓는 위치는 목표방향이 오른쪽이면 왼쪽에, 왼쪽이면 오른쪽에 놓는 것이 유리하다.
- 티 샷 시 연습스윙은 1회 정도를 하며, 경기자는 티 샷을 하기 전에 공의 진행 방향과 스윙반경 내의 안전을 확인한 후 샷을 하여야 한다.
- 한 조가 처음 티 샷을 한 경우에는 나머지 동반자는 경기자의 앞쪽(홀 컵을 기준으로 4~6시)에서 떨어져 대기하는 것이 안전하다고 할 수 있다.

③ 페어웨이(Fairway)

- 페어웨이는 파크골프장 전체 지역에서 티잉 그라운드지역, 그린지역, 러프, 해저드 지역을 뺀 지역을 말한다.
- 페어웨이는 홀마다 그린(깃대) 방향으로 공이 잘 굴러가도록 유도하는 길이며, 3cm 정도의 잔디길이를 유지하고, 그 폭은 3m 이상인 잔디구역이다.

④ 러프(Rough)

- 홀마다 페어웨이의 좌우 바깥으로 잔디길이가 5cm 이상 또는 긴 풀로 형성되어 공이 나가는 것을 제한한다.
- 러프지역은 다음 샷을 어렵게 하여 난이도를 높여 주는 지역이다.

⑤ 벙커(Bunker)

- 벙커는 페어웨이 또는 그린 주변에 난이도를 높여 주기 위하여 설치한다.
- 벙커 내부에는 모래 등을 채운다.
- 종류는 보통 페어웨이에 있는 크로스 벙커, 사이드 벙커, 그린 주변의 그린 벙커가 있다.

⑥ 워터 해저드(Water hazard)

- 말뚝 상단에 5cm 적색으로 표시하고, 호수, 연못, 강, 하천, 배수로 등으로 물의 유무와 관계가 없는 수역을 말한다.
- 파크골프장의 코스 주변에 자연경관과 쾌적함을 제공하는 시설물로써 홀의 난이도를 제공해 준다.

⑦ 그린(Green)

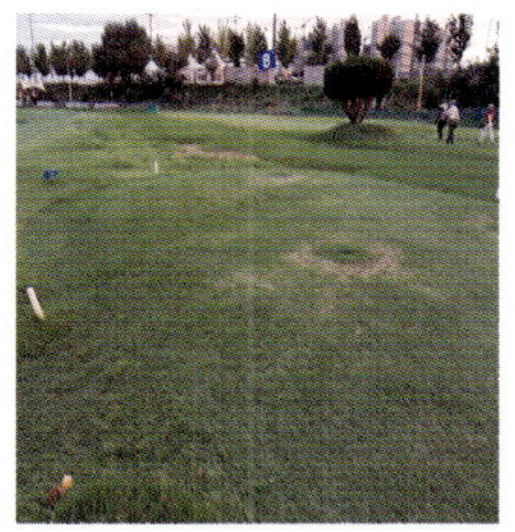

- 홀 컵을 중심으로 지름이 약 5m 정도인 타원형 크기의 형태로 조성된 지역이다.
- 잔디길이는 2cm 이내이거나 인조잔디로 조성된다.
- 그린의 경사는 15° 이내로 조성하여 경기가 재미있도록 한다.

⑧ 홀 컵(Hole cup)

- 그린의 표면 1cm 아래에 설치한 고정 설치물이다.
- 규격은 지름이 20cm, 홀의 깊이는 10cm이며, 최종적으로 공을 넣는 원통이다.
- 홀 컵의 내부 바닥은 지면과 공간이 형성되게 하여, 공이 홀 인될 때 "땡그랑" 소리가 나게 만든다.

⑨ 깃대(Pin)

- 깃대(핀)는 그린 위의 홀 컵에 꽂혀 있는 고정 설치물이다.
- 깃대(핀)는 해당 홀의 홀인 위치를 알려 주는데, 길이는 2~2.5m이다.
- 깃발의 숫자(1~9)는 몇 번째 홀인지를 표시한다.
- 코스별로 A코스는 적색, B코스는 청색, C코스는 황색, D코스는 백색을 사용한다.

3) 파크골프장의 설치물

① 홀(Hole) 표지판

- 홀마다 티잉 그라운드 주변에 설치하며, 해당 홀의 기본 제원을 표시한다.
- 홀 표지판은 몇 번째 홀이며, 기준타수와 거리가 몇 m 인가를 알려준다.
- 홀 표지판에 표시된 A-1, Par3, 50m의 의미는 A코스 첫번째 홀로써 기준타수는 3타이며, 거리는 50m를 나타내는 것이다.

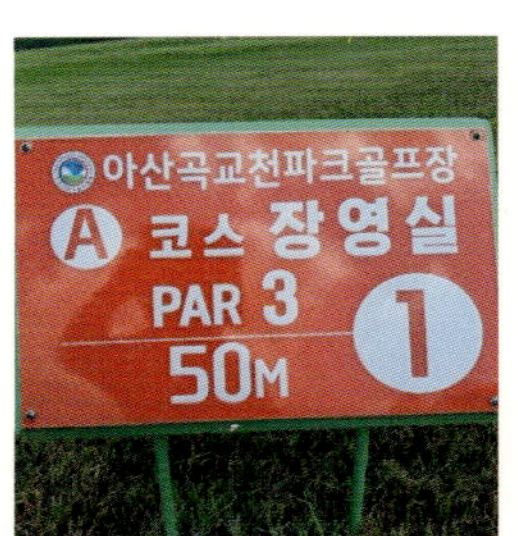

② 공 거치대(Ball stance)

- 1번 홀 주변에 설치하는 고정 설치물이다.
- 각 조별 조장이 공을 공 거치대에 올려놓아 출발순서를 정하는데 사용한다.

③ 순서뽑기

- 1번 홀 주변에 설치되어 있다.
- 조원끼리 티 샷의 순서를 정하는데 사용한다.

④ OB말뚝

- 파크골프장에서 인접 홀이나 잡초 등으로 경기가 불가
  능하여 경기를 금지하는 구역에 설치한다.
- 홀마다 20~30m 간격으로 좌·우측과 그린 주변의 필요
  한 위치에 설치하여 홀지역을 알려준다.
- OB말뚝은 백색, 직경 4cm 정도, 길이 40cm로 설치한다.

⑤ OB라인(OB line)

- 벌타인지, 아닌지를 판단하는 선이다.
- OB라인은 Out of Bounds, 즉 코스의 경계라는 뜻이다.
- OB라인의 경계를 넘어가면 OB라고 하고, 2벌타를 부
  과한다.

⑥ 안전망

- 파크골프장의 페어웨이가 좁거나 티잉 그라운드와 다
  른 홀 컵의 그린지역이 있는 경우에는 경기자의 안전을
  위하여 안전망을 설치한다.
- 설치한 안전망 앞에 OB라인을 설치하여 벌타를 적용
  할 수도 있고, 안전망 그대로 상태를 활용할 수도 있다.
- 경기 중에 공이 인접 홀로 가면 경기방해로 지연되기 때문에, 안전망은 방해가
  되지 않도록 하는 역할을 한다.
- 안전망 아래 부분에 공이 있을 경우, 오른손잡이인 경우는 왼손으로 샷을 하거나
  펀치 샷 등을 하는 것이 좋다.
  안전망의 높이가 비교적 낮은 경우는 망을 넘어가서 샷을 하면 되는데, 안전망
  을 치고 공을 치면 2벌타가 가산된다. 그러나, 공을 먼저 치고나서 안전망을
  치면 상관이 없고, 안전망을 걸어 올리면서 공을 치면 2벌타가 부여된다.

⑦ 맨홀(Manhole)

- 우천 시 파크골프장 코스 내에 배수가 빠르게 되도록 맨홀(뚜껑)을 설치한다.
- 샷한 공이 맨홀 위나 주변에 붙어 있어서 샷을 하기 가 어려운 경우는 구제를 받는다.
- 구제는 홀 컵에 가깝지 않은 위치로 2클럽 이내로 이동 하여 샷을 할 수 있으며, 이 경우에는 2벌타를 부과하 지 않는다.

⑧ 언덕(Slope)

- 언덕은 페어웨이에 설치된 작은 흙무더기의 장애물이다.
- 언덕은 경기의 난이도를 높여주는 지역이다.

⑨ 수리지(Ground under repair)

- 파크골프장 일부 지역에 잔디 보수공사로 경기를 금지하는 구역이다.
- 수리지는 상단에 청색으로 표시한 백색 말뚝을 설치하고, 백색선으로 수리지 표시를 한다.
- 수리지 내에 공이 들어가면 OB지역에 들어간 공과 같이 2벌타를 적용한다.

⑩ 도그레그 홀(Dog-leg hole)

- 홀 중에서 페어웨이가 개의 뒷다리 같이 오른쪽이나 왼쪽으로 구부러진 상태의 홀이다.
- 도그레그 홀에서는 오른쪽으로 꺾어진 홀이라면 왼쪽 에 티를 놓고, 티 샷을 하여야 한다.
- 도그레그 홀에서는 구부러진 쪽에 적색 말뚝을 설치하

고, 적색 말뚝의 오른쪽으로 공이 지나가면 2벌타를 부여한다.

⑪ 코스(Course)

- 코스는 경기가 허용되는 파크골프장 전체 구역을 말하
  는 것이며, 코스는 9홀을 기본단위로 하고 있다.
- 9홀의 표준타수는 33타이며, 18홀이면 66타가 되는 것
  이다.
- 코스에는 티잉 그라운드, 페어웨이, 그린지역, OB지역, 벙
  커지역, 러프, 해저드, 홀 컵 등이 전부 들어있는 것이다.

4) 장애물 구분

① 움직일 수 있는 장애물

공 주변의 낙엽, 작은 돌, 나뭇가지 등

② 움직일 수 없는 장애물

나무 기둥, OB말뚝(라인), 배수구 뚜껑, 예비 홀 컵, 안전망 등

5) 파크골프장의 운영관리

① 디봇(Divot)

- 경기장의 관리가 부족하여 잔디가 파인 부분을 말한다.
- 파크골프 경기규칙에는 디봇은 벌타없이 구제가 될 수 없으며, 그대로 경기를
  진행하도록 되어 있다.
- 공이 디봇에 들어갔을 때 중요한 것은 당황하지 말고 평정심을 유지하면서 스
  윙의 실수를 줄이는 정확한 스윙을 하여야 한다.
- 경기 중에 공이 디봇에 들어간 경우

  a. 준비자세는 평소와 같은 스탠스로 한다.

  b. 공의 위치는 중앙에 위치시키고, 스윙 중 체중은 5:5로 배분한다.

  c. 셋업 시 벙커에서와 같이 클럽 헤드를 가볍게 들고 준비자세를 한다.

d. 평소와 같은 스윙이라고 생각하며 헤드업을 하지 않도록 주의하고, 공을 정
   확히 임팩트하는 것에 신경을 써야 한다.

② 구장의 운영관리

- 파크골프장은 잔디의 상태와 유지보수가 중요하다.
- 잔디관리는 배수, 토양조성, 비료살포 등이 중요하다.
- 다양한 시설물의 정기적인 점검과 유지보수가 필요하다.
- 경기자들의 안전을 보호하기 위해서는 안전규칙을 지키는 것이 중요하기 때
  문에 안전교육을 실시하고, 안전규칙을 준수하도록 유도를 하여야 한다.
- 환경보호는 운영관리를 위한 필수적인 요소이므로, 환경오염 방지등을 고려
  하여야 한다.
- 파크골프장 운영은 상기 문제들을 해결하기 위하여 전문지식과 기술을 갖춘
  전문인력을 고용하여야 한다.

③ 잔디높이 기준

여름철에는 잔디가 너무 빨리 성장하므로, 최소한 1주일 이내에 잔디를 깍아
줄 필요가 있다.

- 페어웨이는 3cm 정도의 길이
- 그린지역은 2cm 이내
- 러프지역는 5cm 이상

1.3 파크골프장의 경기 종류 및 방법

1) 경기 종류

① 스트로크 플레이(Stroke play)

가장 많이 사용하는 경기방법이며, 홀 전체의 스코어를 합산하여 종합점수로 순위를 결정하는 방법

② 홀 매치 플레이(Hole match play)

각 홀의 타수 결과로 승자를 따져서, 이긴 홀의 수로 순위를 결정하는 방법

③ 샷건 플레이(Shotgun play)

정해진 시간에 경기자를 전체 홀에 배치한 후, 신호에 따라 동시에 티 샷을 하는 경기방식

2) 스트로크 플레이(Stroke play)와 홀 매치 플레이(Hole match play) 비교

- 스트로크 플레이는 전체 스코어로 순위를 결정하고, 홀 매치 플레이는 각 홀 마다 승자를 결정하므로, 서로 다른 방법의 경기전략이 필요하다.
- 스트로크 플레이는 스코어 합계가 적은 경기자가 승리하지만 홀 매치 플레이는 각 홀마다 상대보다 스코어가 1타라도 덜 치면 승리한다.
- 스트로크 플레이는 위험요소를 피하여 경기를 하는 방법이 필요하지만 홀 매치 플레이는 홀 컵을 직접 보고 넣으려는 방법이 필요하다.
- 홀 매치 플레이에서 실수를 하면 스트로크 플레이 방법을 사용하여, 안전한 지점으로 공을 보내는 경기를 하여야 한다.
- 홀 매치 플레이에서는 전체 스코어가 중요하지 않으므로, 스코어보다 공격적인 경기를 하는 것이 중요하다.
- 스트로크 플레이는 안전하고 확률이 높은 샷을 하여야 하지만 홀 매치 플레이는 공격적인 샷을 성공시켜야 이길 수 있다.

3) 팀별 경기방법

① 쓰리섬(Threesome)

3명이 1:2 경기로, 양쪽에 각 1개의 공으로 경기하는 홀 매치 플레이 방법

② 포섬(Foursome)

4명이 2:2 경기로, 팀별로 각 1개의 공으로 경기하는 스트로크 플레이 방법이며, 2인이 1개의 공으로 치기 때문에 팀 워크가 중요한 방식이다.

③ 쓰리 볼(Three ball)

3인이 1:2로, 각자의 공으로 홀 매치 플레이하는 방법

④ 포 볼(Four ball)

2:2의 경기로 스코어가 좋은 사람과 홀 매치 플레이하는 방법

⑤ 베스트 볼(Best ball)

1개 팀 2:2로 각자의 공으로 티 샷을 한 후, 좋은 공 1개씩을 선택하여 이후 포섬방식으로 승부를 겨루는 방식

4) 경기방법

① 코스(Course)에 진입하기 전의 행동

- 조원은 3~4명으로 편성한다.
- 경기하기 전에 준비운동을 한다.
- 1번 홀에 설치되어 있는 공 거치대에 공을 놓고 대기한다.

② 티잉 그라운드(Teeing ground)에서 행동

- 1번 홀에서 순서뽑기, 가위바위보 등으로 티 샷의 순서를 정한다,
- 해당 홀의 표지판을 보고, 거리에 맞는 스윙 크기를 정한다.

- 앞 조가 홀 아웃을 했거나 안전한 도달거리가 확보되었을 경우, 티 샷의 순서대로 티잉 그라운드로 올라간다.
- 티 위에 공을 놓고 공 뒤에서 목표방향과 지점을 결정하고, 양발의 발끝 가상선을 목표방향과 평행하게 서서, 몸을 정렬한 후 준비자세를 하여, 공 뒤쪽에 클럽 헤드면을 직각으로 맞춘다.
- 연습 스윙은 필요 시 1회로 하고, 티 샷을 한다.
- 이 때, 동반자는 경기자의 스윙반경에서 벗어나 홀 컵(12시)을 기준으 로 4~6시 방향인 안전지역에서 조용히 대기하며 순서를 기다린다.

③ 페어웨이(Fairway)에서 행동

- 티 샷이 끝나면 빠르게 이동하여 깃대로부터 멀은 공부터 샷을 한다. 이 때, 동반자는 경기자보다 앞서 나가지 않도록 한다.
- 공의 위치가 같은 거리인 경우는 서로 간에 순서를 정하며, 러프나 OB난 공에 대해서는 우선적으로 배려하는 것이 좋다.
- 20m 이내의 공이 방해가 된다면 동반자에게 마크를 요구한다. 단, 티 샷인 경우와 20m 이상의 공에 대해서는 마크를 요구할 수 없다.
- 마크는 홀 컵의 방향으로 공 뒤에 공 마커를 놓고, 공을 집어드는 경우, 순서와 위치를 위반할 경우에는 2벌타를 부여한다.
- 경기자의 공이 동반자의 공을 맞춘 경우에는 경기자의 공은 정지된 지점에서 샷을 하고, OB라인을 벗어난 경우는 OB처리를 한다. 이 때, 동반자의 공은 충돌했다고 예상되는 지점으로 경기자가 원래의 위치에 갖다 놓는다.

④ 러프(Rough)지역에서 행동

- 공이 긴 풀에 있는 경우, 주변의 풀을 누르거나 뽑는 행위는 공 주변을 개선시킨 것으로 2벌타에 해당되므로, 주의를 하여야 한다.
- 샷이 불가능할 경우는 언플레이어블을 선언하고, 동반자가 확인한 후 그 지점에서 깃대와 수직방향으로 서서, 양팔을 벌려서 좌·우측으로 2클럽 이내에서

샷하기 좋은 곳에 공을 놓는다.

- 이 때, 공을 놓을 위치가 없는 경우는 공이 있던 지점에서 이전의 지점방향으로 샷할 수 있는 가까운 지점에 공을 놓고, 다음 샷을 한다.

- 3분 이내에 공을 찾지 못하면 경기자가 분실구로 선언하고, 동반자 확인 후에 분실했다고 예상되는 지점에서 깃대를 보고, 가까운 지점에 예비공을 놓고, 다음 경기를 한다. 단, 예비공이 없어서 경기진행이 안 될 경우에는 실격으로 처리한다.

⑤ OB지역에서 행동

- OB판정은 공이 있는 지점에서 공의 위쪽에서 보았을 때, OB라인 또는 OB말뚝의 연장선에서 벗어난 경우에 경기자가 OB로 판정하고, 판정이 어려울 경우에는 동반자의 확인을 받아야 한다. 동반자 중 1명이라도 OB로 판정할 경우는 OB로 처리하여야 한다.

- 그린 주변에 OB말뚝(라인)이 설치된 경우는 첫번째 OB말뚝과 두번째 OB말뚝을 연결한 라인에서 공이 벗어나면 OB로 판정한다.

- OB처리는 경기자가 OB를 선언하고, OB라인을 벗어난 지점에서 깃대와 수직방향으로 서서, 양팔을 벌려서 좌·우측으로 2클럽 이내에서, 샷 하기가 좋은 지점에 공을 놓고, 다음 샷을 한다.

- 이 때, 깃대와 수직방향보다 앞으로 나가거나 2클럽을 벗어나게 처리한 경우는 2벌타를 부여한다.

- OB를 처리할 지역이 없거나 애매한 지역에서는 페어웨이 안 또는 그린 주변에 별도의 OB티를 파크골프장별로 표시할 수도 있다.

- 그린 주변에 OB라인 또는 OB말뚝이 설치되어 OB가 된 경우, OB처리는 첫번째 OB말뚝의 연장선에 공이 벗어난 지점에서 깃대를 보고 수직방향으로 서서, 양팔을 벌려서 좌·우측으로 2클럽 이내의 뒤쪽 반원지역 내의 샷하기 좋은 지점에 공을 놓고, 샷을 한다. 이 때, 깃대방향으로 직접 공략을 할 수 있다.

⑥ OB처리 시 행동절차

- 공을 집어서 OB라인을 벗어났다고 예상되는 지점으로 이동한다.
- 공이 OB라인을 벗어난 지점에서 깃대방향으로 수직이 되도록 선다.
- 양팔을 벌려 좌·우측으로 2클럽 이내에 샷 하기 좋은 지점을 선정한다.
- 선정된 지점에 공을 놓고, 남은 거리를 고려하여 경기를 한다.

⑦ 그린(Green)에서 행동

- 깃대에서 공이 멀은 순서대로 퍼팅을 한다.
- 홀 컵에서 2클럽 이내에 공이 위치한 경우, 동반자에게 통보하고 마크를 하거나 먼저 컵인 또는 그대로 둘 수 있다.
- 공이 같은 거리에 있을 경우는 순서를 정하여 퍼팅을 한다.
- 공 마커가 방해가 될 경우는 좌·우측으로 클럽 헤드 2개 길이까지 이동을 요구할 수 있으며, 원위치를 할 경우는 역순으로 하여야 한다.
- 그린의 오르막, 내리막, 좌우 경사를 확인하여 퍼팅 라인을 읽는 요령은 깃대의 반대쪽에서 보는 것도 좋다.
- 경기자는 동반자의 퍼팅 라인을 밟지 않도록 주의하고, 동반자는 방해가 되지 않도록 조용히 대기한다.
- 컵인이 되면 자신의 타수를 동반자에게 알려주고, 조원 모두가 퍼팅이 끝나면 다음 팀에게 수신호를 준 후 빠르게 이동하여, 다음 홀에서 스코어 카드를 기록한다.
- 2번 홀부터 티 샷 순서는 이전 홀에서 경기결과의 타수가 제일 적은 경기자의 순서로 하며, 동타인 경우는 이전 타수의 순서로 한다.

5) 동타 시 순위결정 방법

① 서든 데스 방식(Sudden death type)

대회본부에서 지정한 홀에서 경기를 진행하면서 타수가 낮은 경기자가 이기는데, 동타 발생을 고려하여 니어 핀을 동시에 적용시켜 승자를 결정할 수 있다.

- 타수가 낮은 경쟁방법은 각 홀의 타수를 비교하여 승부를 결정하며, 동타시 다시 경기를 재개한다.

- 니어 핀을 적용 시 보통 Par3 홀에서 한번의 경기로 승자를 결정하는데, 티 샷을 하면 깃대로부터 거리를 측정하고, 저타수가 동타일 경우는 근접한 자가 승리한다. 이 때, OB가 난 공은 니어 핀 대상에서 제외되며, 타수로만 비교하게 된다.

② 백 카운트 방식(Back count type)

경기자가 경기를 시작하는 홀이 같게 또는 다르게 진행하고서 스코어 카드에 기록된 타수로 순위를 결정한다.

- 18홀인 경우

  a. B코스의 총타수를 합산하여 비교한다.

  b. 동타 시 B코스 9번 홀부터 역순으로 B코스 1번 홀까지, 1개 홀씩 타수를 비교한다.

- 36홀인 경우

  a. D코스→C코스→B코스→A코스의 총타수 순으로 비교한다.

  b. 동타 시 D코스 9번 홀부터 역순으로 1개 홀씩 타수를 비교한다.

- 순위결정 방식은 대회요강에 명시하고, 대회 당일에 대회본부에서 공지하며, 대회에 참가한 경기자는 총타수의 합산을 서로 비교하고, 스코어 카드의 서명란에 경기자 모두가 서명한 후에 대회본부에 제출한다.

③ 스코어(Score)를 줄이는 방법

- 절대로 OB를 내지 않으며, 거리와 방향에 집중한다.

- 스코어를 위한 전략을 세우고, 벙커와 러프에 빠지지 않도록 한다.

- 스윙의 나쁜 습관을 제거한다

- 경기 중에는 긍정적인 생각만 하고, 장타보다 안전한 티 샷을 한다.

6) 파크골프(Parkgolf) 고수가 되는 비법

- 스윙동작의 원리와 경기규칙을 공부하여야 한다.

- 실력 증대를 위한 연습스윙을 많이 하여야 한다.

- 실력 차이를 쉽게 인정하며, 나는 안 된다는 열등의식을 없애야 한다.

- 위기상황에서 실수를 먼저 생각하는 부담을 이겨내야 한다.

- 멀리 치려는 것보다 안정적으로 쳐야 한다.

- 일정한 스윙의 리듬과 타이밍을 유지하여야 한다.

- 자신의 실수를 습관적으로 핑계를 대지 않아야 한다.

- 스윙을 쉽게 하지 말고, 신중하게 하여야 한다.

- 즐거운 마음으로 경기에 전념하여야 한다.

1.4 파크골프 용구

1) 파크골프(Parkgolf) 용구

① 클럽(Club, 채)

클럽은 1개를 사용하며, 공을 샷할 때 공이 높이 뜨지 않고 잔디 위를 굴러가도록 고안된 것이다.

- 길이 : 86cm 이하(성인용 83~85cm, 어린이용 75cm, 장애인 휠체어용 90cm)
- 무게 : 600g 이하
- 재질 : 헤드 → 목재
  샤프트 → 카본 또는 유리섬유
  그립 → 가죽, 고무
- 로프트(경사각도) : 없음

② 공(Ball)

- 지름 : 6cm

- 무게 : 80~95g

- 재질 : 플라스틱, 합성수지

③ 티(Tee, 공 받침대)

- 높이 : 2.3cm 이하

- 재질 : 고무

- 용도 : 티잉 그라운드에서 처음 티 샷을 할 때 사용

④ 공 마커(Ball marker)

- 크기 : 동전 크기

- 용도 : 경기 중 동반자의 경기에 방해가 될 경우, 공의
  위치를 표시하는데 사용

⑤ 파우치(Pouch)

- 용도 : 예비공, 스코어 카드, 물병 등을 보관하는데 사용

⑥ 클럽 가방(Club bag)

- 클럽을 넣을 수 있는 길이에 끈이 달린 긴 가방

1.5 파크골프 클럽(Parkgolf club)

1) 클럽(Club)의 부분 명칭

- 헤드(Head) : 공을 타격하기 위한 부분의 전체
- 샤프트(Shaft) : 헤드와 그립을 연결해 주는 긴 막대기
- 그립(Grip) : 클럽의 손잡이 부분
- 페이스(Face) : 공을 타격하는 면
- 스윗 스폿(Sweet spot) : 헤드면의 중심부분
- 백(Back) : 클럽 헤드의 뒷면
- 토우(Toe) : 클럽 헤드의 앞쪽 끝 부분
- 힐(Heel) : 클럽 헤드의 뒷쪽 끝 부분
- 솔(Sole) : 클럽 헤드의 바닥면
- 라이각(Lie angle) : 클럽 헤드의 바닥면과 샤프트의 각도
- 로프트각(Loft angle) : 클럽 페이스 면과 샤프트가 이루는 각도

2) 클럽(Club)의 관리

- 클럽은 고온이나 저온에 노출되지 않도록 서늘하고 바람이 잘 통하는 곳에 두는 것이 좋다.
- 클럽 헤드에 사용한 나무와 카본은 습기나 햇빛에 방치하면 변형의 위험이 커진다.
- 클럽 헤드면은 부드러운 천으로 닦아주며, 헤드면의 스크레치 등은 잘 지워지지 않기 때문에 무리하게 닦지 말아야 한다.
- 샤프트는 거리와 방향성에 중요한 역할을 하기 때문에, 이물질을 제거하고 물기가 닿지 않도록 관리를 하여, 탄성이 떨어지거나 변형되지 않도록 해야 한다.
- 그립은 손바닥의 땀 등에 의해 생기는 오염을 제거해 주어야 경화가 되지 않는다.
- 그립의 오염은 즉시 제거하고, 이미 경화가 시작되었다면 그립을 교체하는 것이 좋다.
- 경기 중 이동 시 클럽을 제대로 잡고 걷는 방법은 헤드의 목을 잡고, 그립은 지면

을 향하게 수직으로 하고 걸으면 미관상도 좋고, 전혀 힘이 들지가 않기 때문에
좋은 방법이라고 할 수 있다.

3) 클럽 헤드(Club head)의 재질

- 클럽 헤드는 감나무, 단풍나무, 밤나무, 물푸레나무, 합성목재 등으로 만들어진다.
- 감나무는 북미산이 경도가 높고, 일본의 혼마클럽 헤드는 감나무를 주로 사용한
  다고 한다. 위 나무들은 경도가 상당히 좋은 편이다.
- 합성목재는 여러가지 나무들을 분쇄하여 높은 압력으로 압착하여 만들어진다.
  이 압착기술이 더욱더 개발되면 기존 나무들보다 경도가 높은 클럽 헤드를 만들
  수 있을 것이다.
- 경도가 낮으면 헤드가 물러져서 공이 앞으로 덜 나가게 되고, 경도가 높아야 공
  이 더욱더 멀리 날아가게 된다.

4) 클럽 페이스(Club face)

클럽 페이스는 준비자세를 취할 때 클럽 헤드의 각도를 말한다.

① 스퀘어 클럽 페이스(Square club face)

클럽 헤드를 지면과 수직을 이루도록 하는 경우이며, 일반적으로 많이 사용한다.

② 오픈 클럽 페이스(Open club face)

클럽 헤드의 각도를 오른쪽으로 열리게 한 경우이며, 공을 띄울 때 주로 사용한
다.(예, 로브 샷)

③ 클로즈 클럽 페이스(Close club face)

헤드의 각도를 왼쪽으로 닫히게 한 경우이며, 공이 지면을 굴러가도록 한다.

1.6 파크골프 공(Parkgolf ball)

1) 공(Ball)의 구조

공은 지름이 6cm, 무게는 80~95g이 기준이며, 공의 무게가 91~95g 짜리가 주로 사용되며, 공의 종류는 1피스, 2피스, 3피스, 4피스가 있다.

① **1피스 공(1 piece ball)**

단일 소재로 구성되어 있기 때문에 내구성이 우수하며, 분리현상이 전혀 없는 장점을 가지고 있다.

② **2피스 공(2 piece ball)**

안쪽 코어를 1겹의 커버로 둘러싼 구조이며, 가장 가벼운 공으로 타구감은 3~4피스 공보다 떨어지지만 가벼운 공으로 초보자가 사용하기에는 편리하며, 가벼워서 비거리 전용으로 사용되기도 한다.

③ **3피스 공(3 piece ball)**

3겹으로 만든 구조이며, 부드러운 타구감과 임팩트 시 충격이 적고, 컨트롤이 좋아서 많이 사용되고 있다.

④ **4피스 공(4 piece ball)**

4겹으로 만든 구조이며, 공의 무게중심이 중앙에 있다. 방향성이 좋고 어프로치 시 공을 잘 컨트롤 할 수 있어 정확히 보낼 수 있는 장점이 있으며, 비거리를 보강한 공이라고 할 수 있다.

2) 공(Ball)의 선택기준

① 공 무게의 선택기준

공의 무게가 94~95g 정도가 많이 사용되었으나 최근에는 90g 전후의 가벼운 공이 인기가 있다. 무게가 가벼운 공은 출발속도가 빠르고 비거리가 많이 나오기 때문에 힘이 약하신 분, 여성분, 초보자들이 선호하고 있다.

또한, 러프, 페어웨이, 잔디가 길은 곳에서는 공이 잔디 속으로 들어가지 않기 때문에 컨트롤 하기가 유리하다.

② 개인 공의 선택기준

파크골프 공은 나에게 적합한 공을 선택하는 것이 중요하다.
- 2피스 공 : 거리를 내고 싶은데 파워가 부족한 사람이 선택
- 3피스 공 : 샷을 할 때 타격감이 부드러운 것을 원하는 사람이 선택

1.7 파크골프(Parkgolf) 복장

1) 세련된 복장

기본적으로 단정하고 깔끔한 차림의 복장은 가장 세련된
모습으로 보일 것이며, 땀 흡수력이 좋고 통풍이 잘 되고 활
동하기 좋은 복장을 갖추면 될 것이다.
자신의 아름다움을 나타내며, 자신감 넘치는 옷차림을 하
고 경기하는 모습은 생동감을 느끼게 할 것이다.

2) 매너(Manner)가 불량인 경우

- 상의의 단추를 풀어 놓은 경우
- 상의를 벗어 허리에 묶고 다니는 경우
- 수건을 목에 두르는 경우
- 얼굴을 감싸서 전혀 알아볼 수 없는 경우 등

3) 기타 필요한 소품

① 모자

모자를 쓰는 목적은 안전사고 방지와 체온유지, 머리보
호와 햇빛을 차단하기 위한 것이며, 자신의 개성을 나
타내며 복장을 완성하는 훌륭한 악세사리이다.

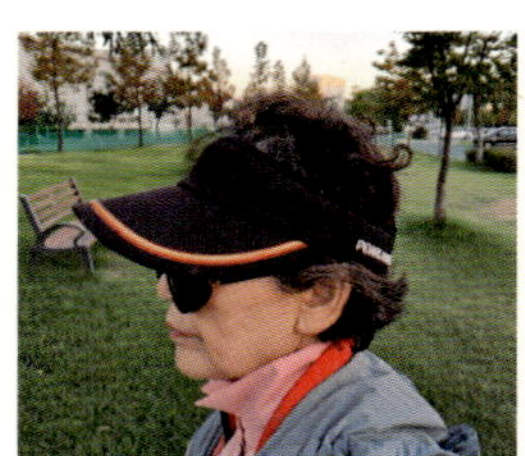

② 장갑

장갑은 그립의 미끄러움을 방지하여 스윙을 안정적으로
할 수 있게 하며, 손에 물집이 생기는 부상을 예방한다.

③ 신발

신발은 운동화나 골프화 사용이 가능하며, 이외의 신발(등
산화, 장화, 구두, 슬리퍼, 부츠 등)을 신으면 잔디나 그린
이 훼손될 수 있기 때문에 사용을 금지한다.

1.8 파크골프 스코어(Parkgolf score)

1) 스코어 기록 방법

- 경기자는 샷을 하기 전에 "이름과 타수"를 말하여 타수를 정확하게 기록한다.
- 심판(홀 진행요원)이 있는 대회에서는 각 홀의 심판이 경기자의 이름 밑에 왼쪽
  칸에는 正자로 샷을 할 때마다 표시하며, 컵인 후에 아라비아 숫자로 기록한다.
- 평상 시 동호인과 친선경기를 하는 경우는 컵인 후 아라비아 숫자로 기록한다.
- 홀마다 제일 많은 타수는 기준타수의 2배까지 기록한다.
- 경기자는 모두 기록하는 것을 원칙으로 하며, 편의상 조장이 기록하는 경우는 홀
  마다 본인의 타수 기록을 서로 확인해야 한다.
- 통상 9개 홀을 기준으로 각자의 타수를 합산하여 순위를 비교한다.
- 18홀인 경우는 9홀마다 합산한 타수 누계가 제일 적은 타수 순서대로 순위를 결
  정한다. 이 때, 각 홀의 기록과 합산은 본인이 책임지며, 홀마다 실제 타수보다
  적게 기록한 경우는 실격으로 처리하고, 더 많은 타수를 기록한 경우는 그대로
  인정한다.
- 경기자는 이름의 기재누락, 스코어의 기재오류, 집계오류 등의 실수를 하면 실격
  처리를 하니 주의를 하여야 한다.

2) 스코어 카드(Score card) "예시"

조			A코스							
	성 명									
홀	거리	파	타수	비고	타수	비고	타수	비고	타수	비고
1	50m	3								
2	65m	4								
3	70m	4								
4	140m	5								
5	42m	3								
6	55m	3								
7	68m	4								
8	77m	4								
9	40m	3								
소계		33								
합계										
경기자 서명										

3) 스코어(Score) 용어

파크골프 경기에서 파(Par)와 타수(Score)는 매우 중요하다.

파(Par)란 홀별로 정해진 기준타수이며, 보통 Par3, Par4, Par5를 기준타수로 정하고 있으며, 9홀에 33타, 18홀에 66타를 기준타수로 정하고 있다.

- 홀 인 원(Hole in one) : 티잉 그라운드에서 1타로 홀인한 경우

- 오버 파(Over Par) : 기준타수보다 많은 타수

- 언더 파(Under Par) : 기준타수보다 적은 타수

- 이븐 파(Even Par) : 기준타수와 같은 타수

표1. 파크골프(Parkgolf) 용어 설명

용어	설명	파(Par)	타수
파(Par)	기준타수로 컵인	4	4
버디(Birdie)	기준타수보다 1타 적게 컵인	4	3
이글(Eagle)	기준타수보다 2타 적게 컵인	4	2
알바트로스(Albatross)	기준타수보다 3타 적게 컵인	5	2
홀 인 원(Hole in one)	티 샷을 하여 1타로 컵인	3	1
보기(Bogey)	기준타수보다 1타 많게 컵인	3	4
더블 보기(Double bogey)	기준타수보다 2타 많게 컵인	4	6
트리플 보기(Triple bogey)	기준타수보다 3타 많게 컵인	4	7
더블 파(Double Par)	기준타수보다 2배 많게 컵인	3	6

※ 버디 : 새, 이글 : 독수리, 알바트로스 : 큰 바다 새

4) 타수 암산 방법

- 경기 중에 자신이 친 타수를 암산하여 합산한다는 것은 쉽지 않기 때문에, 암산하는 방법을 사용하면 편리하다.
- 홀마다 3타를 기준으로 9홀을 가감한 결과가 6타라면, 3타 기준타수의 합계 27타에 6타를 더하면, 총 타수는 33타가 된다.

제2장
파크골프
실기 및 지도

2.1 파크골프 그립(Parkgolf grip)

1) 그립(Grip) 잡는 방법

- 두 손의 엄지손가락은 그립 위에 11자로 올려놓고, 오른손은 왼손을 아래로 누르면서 두 손이 하나로 밀착되도록 압력을 준다.
- 파크골프는 힘을 빼고 가볍게 잡은 그립으로 임팩트에서 클럽 헤드의 파워를 가할 수 있는 경우에는 방향성과 거리감도 좋아진다.
- 그립의 악력은 스윙의 시작부터 끝까지 일정하게 잡도록 노력을 하여야 하며, 손아귀로 잡는 힘을 말한다.

  그립을 잡는 악력을 최고 (10)이라 가정할 경우

     a. 왼손은 절반 정도의 힘 5로 잡고

     b. 오른손은 왼손의 절반 정도, 즉 3 정도의 힘으로 그립을 잡는다.
- 그립을 잡을 때 힘을 가장 많이 주어야 하는 손가락은 왼손 새끼손가락과 넷째 손가락이며, 오른손은 엄지, 검지, 중지 손가락으로 가볍게 잡고, 클럽 헤드의 무게를 느껴야 한다.
- 티 샷은 그립을 잡은 악력의 60~70% 정도가 적당하며, 퍼팅 시는 50% 정도의 힘으로 스윙을 하는 것이 좋다.
- 그립을 잡는 경우, 오른손이 왼손보다 아래쪽을 잡기 때문에, 오른쪽 어깨는 자연스럽게 내려가게 된다.
- 그립을 바르게 잡는 방법은 올바른 스윙동작의 시작이기 때문에, 초심자는 정기적으로 그립잡는 방법을 확인할 필요가 있다.

2) 그립(Grip)의 종류

① 오버래핑 그립(Overlapping grip)

- 가장 많이 사용하는 방법으로, 오른손 새끼손가락을 왼손 검지나 검지와 중지손가락 사이 위에 놓는 그립 방법이다.
- 이 경우, 양손의 엄지는 샤프트와 일직선이 되도록 한다.
- 그립을 잡은 양손의 일체감이 좋고, 공에 맞는 헤드의 유연성이 좋다.
- 그립을 잡을 때 손가락 하나가 줄어든 모습으로 손가락 전체를 자연스럽게 꺾을 수 있어서 스윙속도가 증가된다.

② 인터록킹 그립(Interlocking grip)

- 왼손 검지손가락을 오른손의 약지와 새끼손가락 사이로 끼워서 잡는 그립 방법이다.
- 일반적으로 손이 작은 사람이나 비교적 힘이 약한 사람, 또는 여성들에게 알맞은 방법이다.
- 양손의 일체감이 높아서 안정적인 스윙은 가능하나 클럽 헤드의 유연성이 둔해지는 경향이 있다.

③ 베이스볼 그립(Baseball grip)

- 두 손의 손가락 모두로 감아잡는 그립 방법이다.
- 두 손의 일체감이 떨어지고, 공의 방향성이 좋지 않은 경향이 있는데, 예상 외로 베이스볼 그립을 사용하는 경기자가 많다.
- 야구방망이 잡는 형태이며, 공이 맞는 임팩트 시에는 아주 강하게 칠 수 있는 장점이 있다.
- 공에 힘을 전달하기 쉬운 방법으로 양손의 균형을 유지하는 것에 주의하고, 특히 양손을 밀착시키고 오른손이 스윙을 주도하지 않도록 주의를 해야 한다.

2.2 파크골프 스탠스(Parkgolf stance)

1) 스탠스(Stance)

- 스탠스는 경기자가 공을 치기 위하여 두 발을 제 위치에 놓는 자세를 말한다.
- 발의 위치는 가장 표준적인 자세로 어깨넓이 정도로 벌리고, 체중은 두 발에 균등하게 한다.

2) 두 발의 간격

- 두 발의 간격은 대체적으로 개인의 어깨넓이 만큼이 적당하며, 공을 보내야 하는 거리나 주어진 상황을 해결하기 위하여 좁게 하거나 넓게 할 수 있다.
- 짧은 거리의 홀에서는 어깨넓이 정도로 서고, 장거리 홀에서는 어깨 넓이보다 조금 넓게 서도록 한다.

3) 스탠스(Stance) 종류

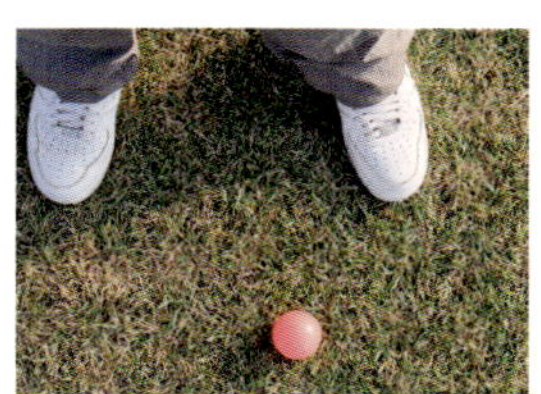

① 스퀘어 스탠스(Square stance)

가장 많이 사용하는 표준형이며, 두 발이 같은 위치로 11자형이다. 두 발의 위치를 연결했을 때, 홀의 깃대 방향으로 평행하게 되어 있어야 한다.

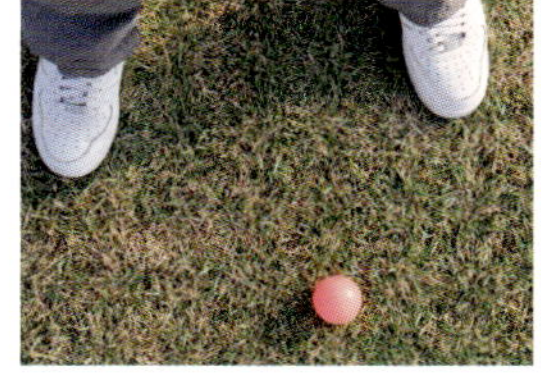

② 오픈 스탠스(Open stance)

왼발이 뒤쪽으로 발길이 반만큼 열려있는 상태이다.

③ 클로즈 스탠스(Close stance)

왼발이 앞쪽으로 발길이 반만큼 나가 닫혀있는 상태이다.

4) 퍼팅 스탠스(Putting stance)

- 퍼팅의 준비자세에서 자신의 체형에 맞는 스탠스 넓이로 스탠스를 취하는 것은 안정한 퍼팅에 도움이 되며, 퍼팅을 성공적으로 잘 할 수 있도록 해 준다.
- 퍼팅은 스윙 크기가 작다고 하여 스탠스와 준비자세를 쉽게 생각해서는 안 되며, 자신에게 편안한 스탠스 넓이로 준비자세를 하면 퍼팅의 성공률을 높일 수 있다.

2.3 파크골프 스윙(Parkgolf swing)

1) 단계별 스윙(Swing)동작

① 1단계 : 준비자세(Address)

준비자세는 공을 치기 전에 목표방향과 몸을 정렬시키는 자세로 준비하는 행위를 말한다.

② 2단계 : 테이크 백(Take back)

양쪽 겨드랑이를 옆구리에 붙이고 스윙의 반대방향으로 이동하는 동작이며, 그립을 가볍게 잡고 오른쪽 어깨가 약간 낮은 자세로 허리와 등을 곧게 펴고, 안정된 자세를 만들어야 한다.

③ 3단계 : 백 스윙(Back swing)

백 스윙은 준비자세 이후 공을 치려고 클럽을 뒤로 끌어올리는 동작이며, 다운 스윙의 시작으로 정확하고 강한 임팩트를 만들기 위해서 필요한 동작이다.

④ 4단계 : 백 스윙 정점(Top of back swing)

스윙을 하기 위해 두 손과 두 팔이 클럽과 함께 스윙의 반대방향으로 이동하는 정점을 말하며, 백 스윙의 정점에서 잠깐(1초 정도) 멈추는 느낌을 갖는 것이 좋다.

⑤ 5단계 : 다운 스윙(Down swing)

하체는 오른쪽 발바닥에서 왼쪽 무릎과 발목으로 하체의 중심을 이동시키며, 상체는 머리를 고정시키고, 시선은 공을 주시하면서 클럽이 힘차게 공을 향하도록 쭉 밀어준다.

⑥ 6단계 : 임팩트(Impact)

두 발을 지면에 고정한 상태에서 오른발의 체중을 왼발로 이동하며, 시선은 공을 보면서 빠르고 강하게 공을 정확히 가격한다.

⑦ 7단계 : 폴로 스루(Follow through)

폴로 스루는 클럽 헤드가 목표방향으로 나가는 단계로, 두 팔의 3각형을 유지하면서 더 크게 쭉 펴주는 것이 좋다.

⑧ 8단계 : 피니쉬(Finish)

피니쉬는 스윙의 마무리 단계로, 시선은 전방을 주시하여야 하며, 하체의 무게 중심은 왼쪽 발의 고관절과 발바닥에 모이도록 하여야 한다.

2) 스윙(Swing)의 비법

① 그립을 가볍게 잡고 쳐야 멀리 가기 때문에 손목에 힘을 빼야 한다.
② 리듬에 맞추어 일관성 있게 샷을 해야 하기 때문에, 몸의 움직임을 줄여야 한다.
③ 거리와 방향성을 보장받기 위하여 머리의 위치를 고정시켜야 한다.
④ 빨리 하면 오버 스윙의 실수가 발생할 수 있기 때문에, 백 스윙은 천천히 해야 한다.
⑤ 몸을 빠르게 움직이면 실수가 발생할 수 있기 때문에, 다운 스윙은 유연하게 하여야 한다.
⑥ 임팩트 순간은 준비자세와 같은 자세가 되게 하여야 한다.
⑦ 퍼올리지 말고, 임팩트 순간에 클럽 헤드를 낮게 유지하여야 한다.

2.4 단계별 스윙(Swing) 동작의 요령

1) 스윙(Swing)의 1단계 : 준비자세(Address)

① 준비자세의 요령

- 두 발의 간격을 어깨넓이 만큼 벌리고, 양쪽 발바닥의 모양이 11자가 되도록 한다.
- 상체를 30° 정도의 각도로 앞으로 숙인다.
- 본인에 적합한 그립을 잡고, 몸을 깃대 방향으로 바르게 정렬한다.
- 공을 클럽 헤드면의 중앙에 위치하도록 하고, 오른쪽 어깨가 왼쪽 어깨보다 약간 처진상태로 3각형 모양이 유지되도록 한다.

② 준비자세 시 공의 위치

- 티 샷에서 공의 위치는 왼발 앞에 둔다.
- 페어웨이에서 공의 위치는 두 발의 가운데에 둔다.
- 러프, 벙커에서 공의 위치는 오른발 앞에 둔다.

③ 준비자세와 공의 구질

- 파크골프에서는 공의 위치를 이용하여 밀어치거나 끊어치며, 조금씩 다른 구질을 만들어 낼 수 있다.
- 준비자세 시 공이 왼발쪽에 있으면 클럽 헤드가 손보다 먼저 움직여서 공을 부드럽게 맞추게 되어, 경사를 따라 굴러가는 것이 유리하다.
- 반대로 공이 오른발쪽에 있으면 손보다 클럽 헤드가 늦게 나오면서 강하게 치게 되어 직선 타구를 만드는데 유리하다.

2) 스윙(Swing)의 2단계 : 테이크 백(Take back)

① 테이크 백(Take back)

테이크 백은 클럽을 뒤로 끌어올리는 단계로, 왼쪽 어깨와 팔이 스윙을 주도하며, 양팔을 3각형과 양손의 손목 각도를 유지하면서 3시 방향으로 천천히 낮게 움직인다.

② **테이크 백(Take back)의 요령**

- 테이크 백이 정확해야 정확한 스윙궤도를 만들 수 있다.
- 오른쪽 어깨가 왼쪽 어깨보다 처진상태로 백 스윙이 시작되어야 테이크 백 자세가 가능해진다.
- 백 스윙을 할 때, 양손이 오른쪽 무릎에서 10~20cm의 간격을 유지해야 테이크 백의 공간이 형성된다.

3) 스윙(Swing)의 3단계 : 백 스윙(Back swing)

① **백 스윙(Back swing)의 크기**

- 백 스윙의 크기로 공을 보내는 거리를 파악할 때 홀을 공략하기가 쉬우며, 스윙을 정교하게 하기 위해서는 여유있게 스윙을 하여야 하며, 임팩트 후 자신의 클럽 헤드가 원하는 목표방향을 지켜 주어야 한다.
- 스윙의 크기로 거리를 조정하는 경우가 일반적이지만 더욱더 안정된 거리감을 갖고 싶다면 자신의 스윙크기에 따라 스윙의 속도에 변화를 주는 것이 좋은 방법이며, 스윙크기에 따라 스윙속도를 조금씩 다르게 하여야 한다.
- 조금더 정확한 샷을 원할 때에는 100%가 아닌, 90% 또는 80%의 힘으로 스윙을 조절하는 것이 좋으며, 아주 강하게 스윙을 하려고 힘을 세게 주면 오히려 거리와 방향을 잃게 되는 실수가 발생할 수 있다.

a. **1/4 스윙**(Quarter swing)

그립을 잡은 양손의 위치는 오른쪽 무릎에서 오른쪽으로 20cm 뒤로 하여 멈추고, 양발의 체중비율은 50:50으로 한다. 이 때, 스윙 시 거리는 30m 정도이다.

b. **2/4 스윙**(Half swing)

그립을 잡는 양손의 위치는 오른쪽 허리높이까지 와야 하며, 양발의 체중

비율은 45:55로 한다. 이 때, 스윙 시 거리는 40~50m이다.

c. **3/4 스윙**(Three quarter swing)

그립을 잡은 양손의 위치는 오른쪽 어깨높이까지 와야 하며, 양발의 체중 비율은 40:60으로 한다. 이 때, 스윙으로 보낼 수 있는 거리는 60~70m 정도이다.

d. **풀 스윙**(Full swing)

그립을 잡는 양손의 위치는 오른쪽 어깨와 목 사이이며, 양발의 체중 비율은 30:70으로 한다. 이 때, 스윙으로 보낼 수 있는 거리는 70m 이상이다.

② 백 스윙(Backswing) 요령

- 백 스윙의 시작은 오른쪽 안쪽에 긴장감이 느껴지도록 오른쪽 다리를 안정되게 만들어 주면, 백 스윙을 쉽게 효과적으로 할 수 있다.
- 백 스윙은 클럽이 지면과 평행을 유지할 때, 샤프트가 목표방향과 평행하게 왼쪽을 가리키도록 하면 파워효과가 증대될 수 있다.
- 체중은 백 스윙 시 오른발로 체중을 이동하여야 하며, 왼손은 오른쪽 골반높이까지 일직선으로 밀어야 한다.
- 백 스윙 시 거리를 늘리려면 백 스윙을 천천히 시작하여 임팩트 시 공을 가격하는 클럽 헤드의 속도를 높여 주어야 한다.
- 백 스윙 시 왼팔을 펴주면 오버 스윙의 실수가 없어지게 되고, 몸통이 함께 하는 백 스윙을 할 수 있게 되어 다운 스윙 시 강력한 힘을 발생할 수 있다.

4) 스윙(Swing)의 4단계 : 백 스윙 정점(Top of back swing)

① 백 스윙 정점(Top of back swing)

백 스윙 정점의 동작은 오른쪽 다리와 골반을 준비자세 때와 같이 유지하고, 오른발에 체중을 70% 이상 실어주어야 한다.

② 백 스윙 정점(Top of back swing)에서 요령

- 백 스윙의 정점에서 잠깐(1초 정도) 멈추면 백 스윙과 다운 스윙의 동작이 분리되면서 스윙 전체의 템포가 좋아진다.
- 백 스윙 정점에서 피니쉬까지 완벽한 스윙동작을 위하여 양쪽 무릎의 균형을 유지할 때, 공을 정확하게 임팩트 할 수 있다.
- 파워 스윙은 오른손 엄지와 검지로 클럽 헤드의 무게를 느끼며, 백 스윙 정점에서 다운 스윙을 시작할 때에 클럽 헤드의 무게를 이용하여야 한다.

5) 스윙(Swing)의 5단계 : 다운 스윙(Down swing)

① 다운 스윙(Down swing)

다운 스윙은 클럽이 지면과 평행인 지점까지 왔을 때, 클럽 헤드면은 정면이 아니라 살짝 바닥을 향하고 있어야 하며, 왼쪽 손등은 공과 목표를 가리키며 클럽 헤드면이 공을 정확하게 타격할 때, 좋은 방향을 얻을 수 있다.

② 다운 스윙(Down swing) 요령

- 머리의 위치는 공 뒤에 두고, 왼팔과 샤프트가 일직선이 되어야 임팩트 시 클럽 헤드면이 직선으로 나갈 수 있다.
- 헤드업(Head-up)의 방지를 위해서는 준비자세부터 임팩트 시까지 머리높이를 일정하게 유지하고, 시선은 공 뒤에 위치시켜야 한다.
- 스윙을 몸통으로 하려고 하면 팔과 손은 몸통과 함께 움직이도록 하여 클럽을 휘두를 때 클럽 헤드의 속도가 증가하고, 임팩트가 정확하게 되어 거리와 방향성이 좋아진다.
- 클럽 헤드의 속도를 강력하게 보내기 위해서는 코킹이 쉽게 풀리지 않도록 손목의 각도를 유지하고, 오른발 허벅지쪽에서 풀어주면서 던질 때 큰 비거리를 얻을 수 있다.
- 다운 스윙 시 파워상승 유형
  a. 주로 두 팔에 힘을 주어 스윙을 하는 방법
  거리는 많이 나지 않지만 정확성이 높으며, 주로 여성, 초보자가 많이 활용한다.

　b. 주로 어깨에 힘을 주어 스윙을 하는 방법

　　상당히 큰 힘을 낼 수 있으나 반면에 방향성은 불안하다.

　c. 주로 엉덩이에 힘을 주어 스윙을 하는 방법

6) 스윙(Swing)의 6단계 : 임팩트(Impact)

① 임팩트(Impact)

임팩트는 클럽 헤드의 속도가 공을 때리는 순간으로, 임팩트의 크기를 증가시키려면 몸의 동작을 멈추어 주어, 클럽 헤드가 순간적으로 강력한 속도를 낼 수 있도록 하여야 한다.

② 임팩트(Impact) 요령

- 임팩트를 위해서는 두 손이 잡은 그립 끝을 왼쪽 무릎까지 끌고 내려온 후, 하체를 이용하여 클럽 헤드를 이동시킬 때, 일관된 임팩트를 만들 수 있다.
- 임팩트 직전의 동작은 그립을 잡은 두 손이 공보다 목표방향으로 먼저 지나간 다음에, 클럽 헤드가 공을 지나가며 임팩트가 이루어져야 한다.
- 임팩트를 강하게 하려면 오른발은 지면을 누르는 압력과 왼쪽 무릎은 땅을 밀면서 밀어주는 두 동작이 동시에 진행되어야 한다.
- 스윙 시 시선이 공에 오래 머물러 있도록 하는 방법은 공 표면의 작은 글씨나 마크를 오래 보려고 노력하며, 임팩트 시 머리의 움직임을 작게 하는 스윙을 하여야 한다.

7) 스윙(Swing)의 7단계 : 폴로 스루(Follow through)

① 폴로 스루(Follow through)

공을 친 후에도 클럽 헤드가 스윙의 끝인 피니쉬까지 진행하는 것을 말하며, 공의 효과를 좋게 하기 위해서는 폴로 스루가 정확하게 이루어져야 한다.

② 폴로 스루(Follow through) 요령

- 폴로 스루 시 공이 떠난 자리를 너무 오래 지켜보지 말고, 자연스러운 동작을 취하는 것이 좋다.
- 거리가 조금 나가더라도 안전한 곳으로 공을 보내기 위해서는 임팩트 시 머리를 공 뒤쪽에 위치시켜야 하고, 왼팔과 샤프트가 일직선을 유지한 상태로 폴로 스루가 이루어져야 한다.
- 머리가 공 앞쪽으로 움직이게 되면 임팩트 시 클럽 헤드면과 공이 같은 방향으로 이동하는 시간이 짧아져서 방향성과 거리를 잃게 되므로 주의를 해야 한다.
- 팔과 머리가 조화를 이루어 클럽 헤드가 왼손을 앞질러 나가지 않도록 하여, 임팩트 시 두 팔의 3각형 모양을 만들어 왼손과 샤프트를 일직선으로 유지시킬 때, 클럽 헤드면이 목표방향으로 공과 직각을 유지하게 되어 공이 똑바로 날아갈 수 있게 된다.

8) 스윙(Swing)의 8단계 : 피니쉬(Finish)

① 피니쉬(Finish)

피니쉬 자세는 스윙의 완성단계로, 부상방지와 스윙의 리듬을 살려 주는데, 꼭 필요한 동작이다.

② 피니쉬(Finish) 요령

- 안정된 피니쉬 동작은 체중을 왼발에 90% 이상 실어주며, 회전축이 되는 왼발 쪽으로 체중을 이동시켜 줄 때, 좋은 스윙이 될 수 있다.
- 단거리 피니쉬는 두 발을 지면에 붙이며, 폴로 스루에서 두 팔을 쭉 펴서 멈춘다.
- 장거리 피니쉬는 오른발 뒷금치를 지면에서 떼고, 왼발에 벽을 만들어 두 팔을 쭉 펴면서 클럽을 휘둘러 주어야 한다.

2.5 스윙(Swing)의 중요한 기술

1) 스윙(Swing) 시 양팔의 3각형 유지
- 스윙의 준비자세부터 피니쉬 자세까지 어깨와 양팔이 만들어내는 3각형 모양은 정확한 스윙의 출발이라고 할 수 있다.
- 3각형을 유지하는 중요한 핵심은 양쪽 팔꿈치를 내 몸 앞에 두고 있는 상태를 계속 유지시킬 때 가능하다고 할 수 있다.
- 준비자세부터 피니쉬까지 3각형 모양을 유지하려는 생각만으로도 좋은 스윙동작을 쉽게 얻을 수 있다.

2) 좋은 스윙(Swing)기술
- 임팩트 시 클럽 헤드는 공의 중심방향으로 밀어주어야 한다. 이를 위하여 중요한 것은 몸통운동의 뒷받침인 왼손과 팔이다.
- 클럽 헤드가 공의 중심방향에 수직으로 정확히 맞추어 주어야 공을 원하는 방향으로 보낼 수 있다.
- 클럽 헤드면의 중앙에 공을 맞추도록 노력을 하여야 한다.

3) 올바른 스윙(Swing) 방법
- 그립을 잘 잡고, 좋은 스윙을 위한 자세를 유지하여야 한다.
- 다운 스윙을 시작할 때 올바른 체중이동을 하여야 한다.
- 백 스윙은 상체가 주도하고, 다운 스윙은 하체가 주도하도록 한다.
- 다운 스윙에서는 왼팔을 펴야 한다.
- 정확한 임팩트를 위해서 클럽 헤드를 가속시켜야 한다.
- 스코어를 낮추기 위한 생각을 하여야 한다.

4) 실력향상을 위한 스윙(Swing) 비법
- 몸은 긴장을 풀고, 편안한 준비자세를 취한다.

- 백 스윙은 낮고 길게 천천히 하는 동작으로, 왼쪽 어깨가 턱 밑까지 이동하도록 한다.
- 백 스윙 정점에서 왼쪽 겨드랑이를 조이며, 코킹을 완전히 한다.
- 다운 스윙은 다리, 골반, 허리로 하며, 클럽 헤드가 최저점에서 올라가며, 서서히 가속시켜 공을 맞추도록 한다.
- 임팩트 순간체중은 왼쪽 다리에 실고, 머리는 공 뒤에 두어야 한다.
- 임팩트 순간 시 왼쪽에 견고한 벽을 쌓고, 왼팔을 쭉 펴도록 한다.
- 공을 때리려 하지 말고, 클럽 헤드를 휘두르는 동작을 한다.
- 임팩트 후에도 클럽 헤드의 속도를 늦추지 말고, 공이 떠난자리를 보며 폴로 스루를 길게 한다.
- 빈 스윙 연습방법은 스윙에 필요한 근육을 몸이 쉽게 기억하도록 하는 효과가 우수하기 때문에, 생활주변의 공간에서 연습하는 것도 좋다.

5) 헤드업(Head-up)을 고치는 방법

- 경기자의 머리는 끝까지 공을 보고, 스윙의 임팩트 후에도 시선과 머리는 공을 보고 있어야 한다.
- 헤드업을 금지하는 주요 요점은 "준비자세나 임팩트 시 머리높이가 같아야" 임팩트 시 팔을 쭉 뻗을 수 있고, 정확한 스윙으로 임팩트가 가능하다.
- 다운 스윙 시 머리를 항상 공 뒤쪽에 위치시키면 공을 오랫동안 볼 수 있으며, 자연스럽게 헤드업을 방지할 수 있다.
- 조금더 긴장을 풀고 연습스윙이라고 생각하면서 다운 스윙을 할 때, 머리는 뒤로 손은 앞으로, 서로 반대로 움직인다고 생각하면 힘과 정확성이 훨씬 좋아질 것이다.

2.6 파크골프 샷의 종류

1) 티 샷(Tee shot)

① 티 샷(Tee shot)이란?

- 티 샷은 티잉 그라운드에서 티 위에 공을 놓고 치는 첫번째 샷이다.
- 티 샷은 스퀘어 스탠스로 하고, 공은 왼발 앞쪽에 놓고, 거리에 적합한 백 스윙 크기로 공을 정확히 임팩트하여 목표방향으로 폴로 스루를 크게 한다.
- 티 샷을 할 때는 두 발이 티잉 그라운드 위에 있어야 하며, 두 발의 일부라도 티잉 그라운드를 벗어나면 2벌타가 적용된다.
- 티 샷의 거리와 방향성을 동시에 충족시키려면 머리는 공 위에 두고 임팩트 시 체중을 왼발에 실고 왼쪽 다리에 벽을 만들고, 오른발에 있는 체중을 왼쪽으로 이동하면서 클럽 헤드를 목표방향으로 휘둘러야 한다.

② 티 샷(Tee shot)을 잘 하는 방법

A. 홀(Hole)특성에 맞는 티 샷(Tee shot)

- 티 샷의 방향을 결정할 때에는 페어웨이 전체를 살펴 보고, 지형과 홀특성을 고려하여 샷을 하려는 방향과 공이 목표지점에 가도록 이동경로를 결정하여야 한다.
- 첫 홀의 티 샷을 성공시키려면 클럽 헤드의 컨트롤이 쉽도록 평소의 스윙 크기보다 백 스윙을 작게 하여, 거리보다는 방향성을 고려하여야 한다.
- 좋은 티 샷을 위해서는 반드시 티잉 그라운드 뒤에서 목표물을 보고 방향을 정하는 것이 좋다.

B. 샷(Shot)의 필수조건

- Par3 티 샷은 홀 컵에 가깝게 하는 것보다 퍼팅을 하기 좋은 홀 컵 주변으로 공을 보낸다.
- Par4 티 샷은 그린을 공략하는 것보다 홀 컵을 공략하기 쉬운 안전지점으

로 공을 보낸다.

- Par5 티 샷은 거리와 방향을 고려하여, 다음 샷을 하기 쉬운 지점으로 공을 보내기 위한 완벽한 피니쉬가 필요하다.

C. 정확한 거리조절 방법

- 거리조절은 풀 스윙, 3/4, 2/4, 1/4 등의 스윙크기로 거리를 조절한다.
- 티 샷은 공을 정확하게 홀 컵의 주변으로 보내는 것이 목적이며, 티 샷을 잘 하면 타수를 줄일 수 있다.

D. 홀(Hole) 공략의 방법

- 티 샷은 샷을 할 때마다 일정한 구질이 나와야 하고, 오르막과 내리막, 그리고 좌·우측 경사에 따른 공의 변화를 이해하며, 다양한 스윙을 하여야 한다.
- 공의 방향 설정은 티잉 그라운드에서 페어웨이 전체를 살펴 보고, 티 샷으로 공을 보내려는 위치에 위험요소가 있다면 최대한으로 안전한 방법을 선택하여야 한다.
- 홀 컵의 중간에 벙커가 있는 경우는 벙커를 넘기는 샷을 하여야 한다.
- 홀 컵 뒤쪽이 내리막 경사일 때는 앞쪽에 어프로치 하는 것이 유리하며, 반대로 홀 컵 뒤쪽이 오르막이거나 공간이 여유가 있는 경우에는 과감하게 공략할 때, 좋은 스코어를 낼 수 있다.

③ 롱 홀(Long hole)에서의 티 샷(Tee shot)

a. 롱 홀(Long hole)이란?

롱 홀은 Par5 홀이 긴 홀로써 보통 100m에서 150m 사이의 홀을 말한다.

b. 롱 홀(Long hole)의 안전한 티 샷(Tee shot)

- 롱 홀의 티 샷은 깃대까지의 먼 거리를 벙커와 위험요소를 극복하고, 공을 안전하게 보내야 한다.
- 롱 홀의 좋은 티 샷을 위해서는 백 스윙 동작을 신중하게 클럽을 뒤로 움직

여야 하며, 백 스윙이 정확할수록 티 샷을 정확하게 실시할 수 있다.
- 다운 스윙은 팔과 몸이 하나로 동시에 움직이는데 초점을 맞추어 몸통과 조화를 이루는 동작으로, 클럽 헤드면의 중심에 공을 맞출 때 공의 방향성과 거리를 향상시킬 수 있다.

c. 티 샷(Tee shot)을 좋게 하는 방법
- 첫째, 티 샷 거리는 더 멀리, 더 곧게 보내려고 하면 왼발 발꿈치가 공과 같은 선 뒤쪽에 놓이도록 왼발부터 자리를 잡고, 그립을 어깨가 목표방향 반대쪽으로 기울어지게 할 때, 거리와 방향성을 높일 수 있다. 이 때, 오른발은 양발의 간격이 어깨보다 조금더 넓게 벌려주는 스탠스를 하면 스윙속도가 증가해도 몸의 균형을 유지할 수 있다.
- 둘째, 티 샷을 위한 준비자세에서 80%는 목표방향을 보고, 공을 보는 시간은 20%로 하면서 정렬을 하면 공의 방향성과 거리를 향상시키는 스윙을 할 수 있다.
- 셋째, 백 스윙 정점에서 두 손을 잠깐 멈춘 후에 다운 스윙을 시작하여 속도를 높여 주면, 임팩트 시 최대거리를 낼 수 있는 클럽 헤드의 속도를 만들 수 있다.
- 넷째, 안정된 티 샷을 하려면 풀 스윙보다는 90%, 또는 80% 힘으로 스윙하는 것이 좋으며, 너무 멀리 보내려고 하면 실수의 위험이 발생할 수 있으니 주의를 하여야 한다.

2) 페어웨이 샷(Fairway shot)

① 페어웨이 샷(Fairway shot)이란?

페어웨이 샷은 러프, 해저드, 티잉 그라운드, 그린지역이 아닌 경기장 내의 모든 잔디구역에서 홀 컵 방향으로 샷을 하는 것을 말한다.

② 페어웨이 샷(Fairway shot)의 방법

- 페어웨이 샷을 할 때에는 전후, 좌우를 잘 살펴서 안전을 확인하고, 샷을 하여
  야 한다.
- 샷을 하려는데 20m 이내에 동반자의 공이 방해가 된다고 생각이 되면 공 마
  크를 요구할 수 있다.

3) 어프로치 샷(Approch shot)

① 어프로치 샷(Approch shot)이란?
- 어프로치 샷은 그린 주변이나 페어웨이에 있는 공을 깃대 방향으로 쳐서, 퍼팅
  을 잘 할 수 있는 지점까지 보내야 한다.
- 공은 뒷땅을 치지 않도록 양발의 중앙에 놓고, 거리에 적합한 백 스윙 크기에
  맞추어서, 양팔을 폴로 스루까지 체중이동을 적게 하여야 한다.
- 어프로치 샷은 홀 컵에 근접시킨다는 생각을 하는 것이 유리하며, 홀 컵에 넣
  겠다는 욕심으로 샷을 하면, 공이 홀 컵을 상당히 지나치게 되어 1타를 더 쳐
  야 하는 경우가 많이 발생한다.

② 어프로치 샷(Approch shot)의 방법
- 어프로치 샷은 오른손의 힘을 빼고, 왼손은 오른손이 앞으로 나가는 것을 막아
  주는 역할을 하여야 한다.
- 어프로치 샷은 목표물의 경사가 왼쪽 또는 오른쪽인가, 아니면 오르막 또는 내
  리막인가를 확인한 후 마음의 결정을 하여야 한다.
- 어프로치를 잘 하기 위해서는 방향성 유지에 중요한 손목의 사용을 최대한으
  로 억제시켜야 한다.
- 좋은 어프로치 동작은 일정한 거리를 만들어 낼 수 있으므로, 더 좋은 방향성
  과 거리감을 얻을 수 있다.
- 체중은 왼발에 70% 정도 실어주고, 스윙하는 동안에는 체중이 이동하지 않도
  록 하여야 한다.
- 어프로치 샷의 거리는 홀 컵까지의 지형과 잔디의 성장방향과 상태를 고려하

여 스윙 크기로 거리를 조절하여야 한다.

- 어프로치 샷은 홀 컵 3m 이내로 공을 보낼 수 있어야 스코어를 줄일 수 있으며, 어프로치 샷을 잘 하기 위해서는 몸의 긴장을 풀고 강인한 정신력이 필요하다.

4) 벙커 샷(Bunker shot)

① 벙커 샷(Bunker shot)이란?

- 벙커 샷은 코스의 난이도를 높여 주기 위해 페어웨이나 그린지역 부근에 만들어 놓은 벙커에 공이 빠졌을 경우, 그 벙커에서 공을 탈출시키는 샷을 말한다.

② 벙커 샷(Bunker shot)의 방법

- 벙커 샷은 벙커 턱의 높이와 방향을 고려하여 목표방향을 선정하여야 한다.
- 벙커 샷은 손목을 최대한 자제하며, 낮은 헤드의 궤도를 만들어야 하는 샷으로 공의 위치는 왼발쪽으로 하고, 그립은 조금 짧고 강하게 잡아야 하며, 공을 타격한 이후에도 클럽 헤드면은 공의 진로방향을 가리키도록 하여야 한다.
- 준비자세 시 그립을 잡은 양손의 위치는 공 뒤쪽으로 위치시키고, 머리의 위치를 오른쪽에 두어 임팩트 이후 몸은 멈추지만 클럽 헤드는 공을 뒤따라 나가며 밑에서 위로 공만 깨끗하게 올려치는 스윙을 하여야 한다.
- 벙커에서 평소와 같이 샷을 하면 뒷땅을 칠 수 있으므로 공을 왼발에 두고, 공이 모래에 박히지 않도록 공만 내보내는 샷을 하여야 한다.

5) 러프 샷(Rough shot)

① 러프 샷(Rough shot)이란?

- 러프는 코스 내의 그린 및 해저드를 제외한 부분으로 주로 페어웨이 양쪽이나 그린 주위에 5cm 이상 되는 잔디나 잡풀을 말한다.

  (참고 : 페어웨이 잔디는 3cm 이하, 그린의 잔디는 2cm 이하가 기준)

- 러프 샷은 공이 긴 풀숲이나 러프지역에 빠진 경우, 그 지역에 들어가서 페어웨이에 안착시키거나 홀 컵 방향으로 어프로치를 시도하는 샷을 말한다.

② 러프 샷(Rough shot)의 방법

- 러프 샷을 할 때는 정상적인 스탠스에서 10~20cm 정도 더 왼쪽으로 서서, 공은 오른발의 방향에 두고, 백 스윙 시 손목을 꺽어올려서 공의 오른쪽 밑바닥을 내려찍는다.

  클럽 헤드는 공을 맞힘과 동시에 그 자리에서 멈추고, 폴로 스루의 스윙은 조금도 하지 않는다. 이러한 샷을 펀치 샷이라고도 하며, 공의 뒤쪽을 내려찍는 것을 말한다.

- 깊은 러프(Rough)에서의 탈출 샷

  a. 공이 깊은 러프지역에 있을 때는 공을 탈출시키기 위해 공을 평소보다 오른쪽에 두고, 위에서 내려 볼 때 공의 약간 뒤쪽을 내려찍으면서 러프깊이에 따른 힘 조절을 잘 하여야 한다.

  b. 러프지역의 탈출을 위해 시선은 공 위에 두고, 스탠스는 어깨넓이 정도로 벌린 다음 스탠스를 약간 열고, 왼손 그립은 조금 더 견고하게 잡는다.

  c. 공이 러프 속에 있을 때는 거리 욕심을 내지 말고, 일단 페어웨이로 탈출시키는데 최선을 다 해야 하며, 정확한 임팩트를 위해 백 스윙을 적게 한 후, 피니쉬 동작은 백 스윙의 1/4 정도로 짧게 할 때 공의 탈출을 쉽게 할 수 있다.

6) 비거리 내는 샷(Long shot)

① 비거리 내는 샷(Long shot)이란?

- 비거리 내는 샷은 Par4, Par5 홀에서 비거리를 많이 내려고 할 경우에 치는 샷을 말한다.

- 힘을 가속시켜 장타를 치기 위한 동작은 다운 스윙을 하는 도중에 몸을 약간 낮추며, 임팩트 시 지면을 힘껏 밀어낼 수 있는 폭발적인 동작을 만들어내는 것이다.

- 준비자세는 스퀘어 스탠스로 하며, 양발의 간격은 어깨넓이보다 조금 넓게 하고, 공은 왼발의 상단 10~20cm 외측, 클럽은 최대한으로 길게 잡고, 백 스윙 정점은 오른쪽 어깨와 머리 사이에 두며, 왼손 손목을 코킹한다.

- 코킹을 유지하면서 왼손으로 클럽을 공의 방향으로 힘차게 끌어당기고, 임팩

트 순간에 코킹을 풀어서 헤드속도를 빠르게 한다. 폴로 스루는 클럽이 목표 방향을 향하도록 클럽 헤드를 등 뒤로 넘기는 풀 스윙을 한다. 이 때, 체중을 왼발쪽으로 이동하여 왼발에다 벽을 만든다.

② 비거리 내는 샷(Long shot)의 방법

- 준비자세에서 양발, 무릎, 엉덩이, 어깨선이 목표방향과 평행이 되도록 정렬을 하여야 한다.
- 스윙궤도를 크게 하기 위해서는 스탠스의 폭을 약간 넓혀 주고, 백 스윙 시 오른쪽으로 몸을 틀 때, 양손을 몸에서 멀리 가져가 백 스윙 정점의 동작을 완성한 후 다운 스윙을 시작하면, 몸통을 이용하는 스윙을 하게 되므로 공이 멀리 날아가게 된다.
- 몸통을 이용한 다운 스윙은 단단한 하체를 기반으로 하며, 몸통을 중심으로 클럽을 회전시킬 때, 클럽 헤드의 속도가 증가하고 임팩트가 정확하게 되어, 좋은 거리와 방향성을 얻을 수 있게 된다.
- 거리를 증가하기 위해서는 백 스윙 시 왼발 뒤꿈치를 디디는 하체중심의 스윙을 할 때, 거리가 향상된다.
- 티 샷을 멀리 보내기 위해서는 임팩트가 이루어지는 동안 왼쪽다리를 단단하게 버티면서 벽을 만들어 주면, 클럽 헤드의 속도가 빠르게 되어 거리가 증가하게 된다.

③ 비거리 증대를 위한 손목의 코킹(Cocking)

- 거리는 공을 타격하는 클럽 헤드의 속도가 결정하므로, 헤드속도를 최고로 증가시키려면 손목의 꺾임을 이용하는 코킹을 하여야 한다.
- 스윙 시 클럽 헤드의 속도를 증가시키기 위해서는 손목의 코킹을 임팩트 직전까지 최대한으로 끌고 내려오면서 임팩트를 늦추는 동작이 필요하며, 하체로 다운 스윙을 하고 임팩트 직후까지 머리와 상체가 들리지 않도록 한다.
- 코킹 유지에 실패하는 이유

a. 그립을 너무 강하게 잡고 백 스윙을 하면 손목의 유연성이 떨어진다.

b. 백 스윙 정점에서 다운 스윙 시 몸통을 움직이지 않고, 팔로만 클럽을 끌어 내리게 되면, 손목부터 펴지게 되어 코킹을 유지하지 못하게 된다.

④ 중·상급자의 거리증대 방법

- 중·상급자가 비거리를 늘리려면 손목의 이용과 체중이동을 하여야 한다.

- 공을 멀리 보내는데 중요한 요소는 손목을 이용하는 코킹이므로 다운시에도 코킹을 유지하며, 클럽 헤드는 머리 뒤 등쪽에 오래 둔다는 느낌으로 다운 스윙을 할 때, 강한 임팩트를 만들 수 있다.

- 공을 보는 시선은 한 곳에 고정시키지 말고, 유연하게 체중이동에 도움을 주어야 한다.

7) 로브 샷(Lob shot)

① 로브 샷(Lob shot)이란?

- 샷을 할 때 앞의 장애물 등을 넘겨야 할 경우, 의도적으로 공을 높이 띄우는 샷을 말하며, 공을 멀리 보내는 샷은 아니지만 스윙의 크기에 따라 멀리 보낼 수도 있다.

- 공을 띄워야 할 상황

a. 불규칙한 티잉 그라운드 앞을 넘겨야 하는 경우

b. 물웅덩이, 벙커, 언덕, 장애물을 넘겨야 하는 경우 등

② 로브 샷(Lob shot)의 방법

- 클럽은 헤드면이 하늘방향으로 15° 정도 열고, 오픈 스탠스로 왼발을 열고, 발의 무게중심을 오른발쪽에 둔다

- 공의 위치는 왼발 바깥쪽으로 놓고 준비자세를 취한다.

- 정상적인 준비자세 보다 낮게 하고, 클럽 헤드면은 임팩트 이후에도 목표방향을 가리키도록 한다.

- 왼쪽 어깨를 살짝 들고 오른쪽 어깨를 낮추며, 오른쪽 무릎을 약간 안쪽으로 밀어넣어 몸의 안정성을 높인다.
- 시선과 클럽 헤드면은 타격할 공 아래를 바라본다.
- 클럽은 견고하게 짧게 잡고, 클럽 헤드의 중앙이 공의 최저점을 강하게 올려치는 임팩트를 한 후, 목표방향으로 쭉 펴주는 폴로 스루를 길게 한다.

8) 안전망 탈출 샷

① 안전망이란?

- 파크골프장의 페어웨이가 좁거나 티잉 그라운드와 홀 컵의 그린지역이 가까이 있는 경우에는 경기자의 안전을 위하여 안전망을 설치한다.
- 안전망 앞에 OB말뚝을 설치할 수도 있고, 안전망 그대로를 OB 경계구역으로 사용할 수도 있다.

② 안전망 탈출 샷

a. 안전망 탈출 샷1(클럽 헤드면 샷)

- 안전망에 공이 가까이 있어서 백 스윙이 어렵고, 원하는 스탠스를 할 수 없을 때는 공에 가까이 서서 스탠스를 좁게 서도록 한다.
- 클럽을 짧게 잡고 상체를 기울여서 준비자세를 한 후, 손목꺾기로 클럽을 들어서 공을 찍어치기(펀치 샷)를 한다.

b. 안전망 탈출 샷2(클럽 헤드 뒷면 샷)

- 공이 안전망 또는 나무 등에 가까이 있어서 백 스윙의 공간이 없을 때에 클럽 헤드 뒷면으로 공을 쳐서 안전망을 탈출하는 샷이다.
- 백 스윙의 공간이 없을 때는 클럽을 짧게 잡고, 상체를 최대한으로 기울여서 준비자세를 한 후, 클럽 헤드의 뒷면을 공 위쪽에 위치한 다음, 손목꺾기로 클럽을 수직으로 살짝들어서 공을 찍어치기(펀치 샷)을 한다.

c. 안전망의 높이가 대략 60cm 정도일 때는 안전망을 넘어가서 정상적인 샷을
할 수도 있다.

9) 퍼팅 샷(Putting shot)

① 퍼팅 샷(Putting shot)이란?

- 퍼팅 샷은 그린 위에서 공을 홀 컵에 넣기 위해서 스트로크를 하는 샷이며, 시
계추가 움직이는 것과 같이 클럽 헤드를 홀 컵 방향으로 정확하게 밀어치는
샷을 하여야 한다.
- 퍼팅의 성공을 위해서는 자신의 실력과 정신력을 믿는 것이 중요하며, 준비시
간을 줄이고, 자신있게 퍼팅하는 자세가 필요하다.
- 퍼팅 샷은 스코어를 줄이는 최선의 전략으로 거리별 퍼팅의 성공률을 나만의
리듬과 방법으로 높이는 것이 중요하며, 2m 이내의 짧은 퍼팅의 성공을 최대
한으로 높여야 한다.
- 롱 퍼팅은 홀 컵에 넣으려고 하는 것보다 1m 이내로 보내려고 하여야 하며,
롱 퍼팅을 성공시키는 것은 운이 좋은 경우라고 생각할 수 있다.
- 퍼팅 샷은 정확한 거리의 판단과 공의 방향이 변하는 위치에서 변화가 되도록
속도를 조절하여야 한다.

② 퍼팅 그립(Putting grip)을 잡는 방법

- 그립은 몸이 경직되지 않도록 잡고, 클럽 헤드 무게로 공을 스트로크했을 때,
공이 잔디 위를 잘 굴러갈 수 있는 힘으로 잡아주어야 한다.
- 좋은 퍼팅을 위해서는 두 손의 엄지손가락을 그립 위에 11자로 올려놓고, 왼
손은 새끼손가락을 강하게 힘을 주어 손목 위주로 잡고, 오른손은 손바닥이
샤프트와 가볍게 밀착되도록 그립을 안정되게 잡아주어야 한다.
- 양손의 힘은 가볍게 잡아야 하며, 양손의 팔꿈치는 옆구리에 붙여서 몸통과 어
깨를 이용하는 스트로크를 할 수 있도록 하여야 한다.
- 퍼팅 시 손목은 사용하지 않고, 안정된 스트로크를 위해서 왼손의 손 등과 오

른손 손바닥은 목표방향을 향하게 하고, 두 손을 이용하여 클럽 헤드 무게로 공을 목표지점으로 밀어주는 스트로크를 하여야 한다.

- 퍼팅 그립은 왼손을 편하게 내린 후에 왼팔과 샤프트가 일직선이 되게 하여, 손목의 근육을 고정시켜 잡으면 클럽 헤드가 직선으로 움직이는 스트로크가 쉽게 된다.

③ 퍼팅(Putting)의 기본자세

- 퍼팅자세는 스퀘어 스탠스로 하고, 양발은 어깨넓이로 벌리며, 양발의 발끝 가상선이 퍼팅 라인과 평행선이 되도록 한다.
- 퍼팅 준비자세는 무릎을 약간 구부리고 엉덩이를 뒤로 빼고, 어깨를 편 상태에서 상체를 숙여, 공이 왼쪽 눈의 수직 아래에 있도록 하면 어깨와 몸통으로 클럽 헤드를 목표방향으로 쉽게 움직일 수 있게 된다.
- 퍼팅의 준비자세를 습관적으로 만들 수 있을 때, 스트로크의 자신감이 향상되면서 짧은 퍼팅의 성공률을 높일 수 있게 된다.

④ 퍼팅 샷(Putting shot)의 주요사항

- 스퀘어 스탠스로 그립을 잡고 퍼팅을 하여야 한다.
- 클럽 헤드면은 퍼팅 라인과 직각이 되도록 하여야 한다.
- 양발 끝의 가상선은 퍼팅 라인에 평행하게 되도록 하여야 한다.
- 그립을 잡았을 때 오른손바닥과 왼손등은 목표지점을 향하도록 한다.
- 양쪽 팔을 겨드랑이에 붙이고, 어깨의 움직임으로 퍼팅을 하여야 한다.
- 체중은 왼쪽 다리에 60%, 오른쪽 다리에 40%의 비중을 두어야 한다.
- 퍼팅 시, 시선은 클럽 헤드면이 공을 타격하는 위치를 보아야 한다.
- 공을 툭 치지말고, 밀어치는 느낌으로 퍼팅을 하여야 한다.
- 일반적인 퍼팅은 백 스윙을 크게 하고, 폴로 스루를 짧게 하여 공의 직진성을 높여 주어야 한다.

⑤ 퍼팅 스윙(Putting swing)

　a. 퍼팅 스윙(Putting swing)이란?

　　- 백 스윙은 왼쪽 어깨와 팔이 리드하여 거리에 맞는 백 스윙의 정점에서 잠깐 멈춘 후, 다운 스윙은 클럽 헤드의 중앙에 공을 맞추어 폴로 스루를 백 스윙보다 약간 크게 한다.

　　- 이 때, 머리는 고정하고, 손목이 꺾이지 않도록 한다.

　　- 백 스윙과 폴로 스루는 홀 컵까지 거리를 고려하여 시계추의 진자운동과 같이 안정하게 스트로크를 한다.

　　- 지형에 따라 공이 힘차게 진행하는 직선부분과 공의 속도가 줄어서 공이 변하는 것을 고려하며 퍼팅을 할 때, 성공률을 높일 수 있다.

　b. 퍼팅 스윙(Putting swing)의 방법

　　- 목표지점을 향해 정확히 보내기 위하여 자세와 스트로크를 정확히 해서 방향과 거리에 맞게 보내는 것이 필요하다

　　- 경기 중 위기상황에서는 정확히 판단하여 안전한 지점으로 보낼 수 있어야 한다.

　　- 퍼팅 스트로크는 같은 자세가 원칙이지만 경사가 심한 내리막을 퍼팅할 때에는 공의 위쪽을 스트로크 하는 등의 변화도 필요하다고 할 수 있다.

　c. 퍼팅(Putting) 감각을 되찾는 방법

　　- 퍼팅이 잘 되지 않을수록 그립을 단단히 잡게 되어 실수를 하기 때문에, 몸의 긴장을 풀고 그립을 가볍게 잡아야 한다.

　　- 공이 홀 컵을 자주 지나가고 있다면 홀 컵의 앞쪽에 가상의 홀 컵에 있다고 생각하고, 퍼팅한 공이 홀 컵의 앞쪽으로 짧게 멈춘다면 홀 컵 뒤쪽에 가상의 홀 컵이 있다고 생각하며 퍼팅을 하여야 한다.

　　- 경기 중 장거리 퍼팅 시에는 욕심을 내지 말고, 공을 1퍼트 이내의 거리로 보내도록 노력하여야 롱 퍼팅을 성공할 수 있다.

　d. 실력향상을 위한 3m 거리의 퍼팅(Putting)연습

　　- 3m 거리의 퍼팅연습을 하면 스코어가 줄어들 수 있다고 생각된다.

- 퍼팅연습 시 공은 왼쪽에 놓고, 백 스윙은 두 발의 스탠스 크기로 하고, 폴
  로 스루의 크기는 백 스윙의 크기를 벗어나지 않을 때 이상적인 퍼팅이 될
  수 있다.
- 공의 위치는 발목을 기준으로 하여야 하는 이유는 발끝을 바깥으로 벌리고
  하여야 하는 경우, 공의 위치가 달라질 수 있기 때문이다.
- 연습을 할 경우, 가속을 주어 공을 클럽 헤드의 중심에 정확히 임팩트시키는
  데 주력하며, 거리의 컨트롤과 방향에 대한 자신감을 찾는 것도 중요하다.
- 이와 같이 연습을 하면 방향이나 거리가 약간 빗나갈 경우에도, 그 퍼팅은
  그린에 도달하며, 공을 홀 컵에 가깝게 할 수 있을 것이다.

⑥ 퍼팅 샷(Putting shot)의 성공을 위한 방법

A. 퍼팅(Putting)의 실전경험과 방향성

- 퍼팅은 홀 컵 주변의 지형과 잔디의 상태를 고려하여, 공이 그린의 기울기
  와 적합하게 굴러가서 컵인이 되도록 한다.
  a. 내리막 퍼팅은 홀 컵의 앞쪽에서 경사에 따라 공이 굴러가게 한다.
  b. 오르막 퍼팅은 홀 컵의 뒤쪽으로 쳐서, 깃대를 맞추며 컵인이 되도록 한다.
- 퍼팅의 방향성을 위해서는 어깨의 회전을 이용하여 팔과 손목의 움직임을
  자제시키는 퍼팅을 할 때, 성공률을 높일 수 있다.
- 퍼팅의 성공은 많은 실전경험을 바탕으로 자신만의 거리감을 만들어, 자신
  있게 스윙을 하여야 한다.

B. 퍼팅(Putting)의 요령

- 퍼팅(Putting) 전에 잔디 결의 확인
  a. 잔디가 홀 방향으로 누워있는 순결의 경우는 홀을 지나가기가 쉽고, 반
  대로 역결의 잔디는 짧게 가는 경우가 많다.
  b. 순결의 잔디는 공을 살살 쳐서 경사와 잔디 결을 따라 굴러가도록 치고,
  역결에서는 홀의 뒤쪽 면을 맞추어 들어가도록 세게 쳐야 한다.

c. 홀을 비스듬히 가로지르는 횡결의 잔디는 홀의 위, 아래의 지형을 보고 퍼팅을 하여야 한다.

- 컵인 퍼팅(Cup-in putting)의 핵심포인트

a. 퍼팅은 홀 컵을 지나가게 쳐야 한다.

b. 퍼팅은 편안한 마음을 가지고, 편하게 쳐야 한다.

c. 홀 컵을 30cm 정도 지나가게 공을 치는 연습을 하여야 한다.

d. 공을 홀 컵에 넣을 것인지, 붙일 것인지를 결정한 후, 홀의 특성을 고려하여 홀마다 전략을 세워야 한다.

e. 한번에 퍼팅을 성공시키려고 할 때, 심적 부담 때문에 3퍼팅으로 이어질 수 있다는 점에 주의하여야 한다.

f. 장마철이나 이슬이 있는 이른 아침에는 그린의 속도가 느리게 되는데, 이런 경우에는 백 스윙을 크게 하고, 임팩트를 짧게 하여 공을 끊어치는 퍼팅을 하여야 한다.

- 퍼팅(Putting)의 중요성과 거리 계산법

a. 티 샷 거리 100m도 1타, 1m 퍼팅도 1타로 퍼팅의 중요성을 알아야 한다. 퍼팅을 시작할 때 우선적으로 확인하여야 할 것은 잔디의 상황이며, 잔디의 저항은 뿌리쪽이 강하고 잎사귀쪽은 약하며, 특히 역결의 잔디는 방향과 거리를 신중하게 생각하여야 한다.

b. 퍼팅거리를 계산할 때, 오르막 1m 다음에 평지 3m 거리인 경우라면, 오르막은 평지 1m의 2배로 생각하여 2m, 평지는 3m, 합계 5m로 계산한다. 이런 식으로 자신만의 거리개념을 생각하여 퍼팅을 하면 쉽게 성공시킬 수 있다.

- 퍼팅(Putting) 성공을 위한 방법

a. 짧은 퍼팅을 성공시키기 위해서는 하체와 머리를 고정하고, 어깨와 몸통을 이용하여 클럽 헤드의 무게속도로 치는 안정된 스트로크를 하여야 한다.

b. 퍼팅을 성공시키기 위해서는 그린의 기울기를 파악하고, 공의 진행경로를 생각해 보아야 한다. 잔디가 역결인 경우는 공의 속도가 느리고, 순결

은 공의 속도가 빠르게 굴러간다.

c. 퍼팅 시 클럽 헤드의 속도를 줄여 부드럽게 치면 공이 많이 휘어지므로, 경사가 작은 공이 직선으로 갈 수 있도록 짧고 강하게 스트로크를 하고, 경사가 심한 그린에서는 곡선으로 공이 진행하도록 스트로크를 하여야 한다.

d. 공의 속도가 공의 진행방향을 결정하므로 공의 속도를 조절하면 거리감이 좋아지고, 퍼팅 라인을 따라 공이 잘 굴러가게 되어 퍼팅의 성공률이 좋아지게 된다.

e. 내리막 경사의 퍼팅은 백 스윙보다 피니쉬를 짧게 하여야 하며, 임팩트 시에는 클럽 헤드의 무게가 공에 가볍게 작용하도록 공에 접촉하기 전에 헤드속도를 줄여야 한다.

f. 오르막 퍼팅은 홀 컵의 뒤쪽을 맞추어 치고, 내리막 퍼팅은 홀 컵 앞에서 굴러 들어가도록 쳐야 한다.

g. 퍼팅 시 스트로크를 할 때, 공을 때리지 말고 왼손을 사용하여 끌어치는 것이 가장 중요하며, 퍼팅 거리는 1m, 2m, 3m, 4m, 5m 형식으로 늘려 가면서 연습을 하면 퍼팅에 대한 거리감이 향상될 것이다.

- 롱 퍼팅(Long putting)을 위한 방법

a. 퍼팅의 실수를 줄이기 위해서는 공에 가까이 가기 전에 멀리서 전체적인 퍼팅 라인의 변화를 파악하는 것이 중요하다.

b. 롱 퍼팅에서는 홀 컵에 넣는 퍼트를 할 것인지, 아니면 근접시키는 퍼트를 할 것인가를 결정하여야 한다.

c. 난이도가 높은 퍼팅에서는 홀 컵에 직접 넣으려 하지 말고, 근접시키는 퍼트를 하여야 한다.

d. 홀 컵까지의 경사도와 거리, 홀 컵 주변의 변화를 확인한 후, 스트로크의 강도를 생각하며 퍼팅을 하여야 한다.

e. 퍼팅 라인의 변화를 확인함으로써 거리감과 방향성이 향상되기 때문에 스코어를 줄일 수 있다.

제3장

파크골프

에티켓과 매너, 안전관리

3.1 에티켓(Etiquette)

1) 파크골프 경기의 기본정신

- 파크골프 경기는 다른 경기자를 배려하고, 스스로 규칙을 준수하는 경기자의 성실성 여하에 달려 있다.
- 모든 경기자는 경기하는 방법에 관계없이 언제나 경기규칙에 따라 스스로 공정한 행동을 하고, 동반자에게 예의를 지켜야 한다.

2) 안전 확인

- 경기자는 스윙 전에 스윙반경 내에 다른 경기자가 근접해 있는가를 확인하고, 안전거리를 확보하여야 한다.
- 먼저 나간 동반자가 있는 상태에서 공을 쳐서는 안 된다.
- 동반자 전원이 샷을 끝낼 때까지 앞으로 먼저 나가서는 안 된다.
- 경기자는 공을 잘못 쳐서 동반자 또는 국외자가 공을 맞을 위험이 있는 경우는 큰소리로 빠르게 경고를 하여야 한다.
- 다른 홀로 공이 넘어간 경우, 경기자가 다른 홀로 진입 시는 그 홀의 경기자의 경기진행 여부를 사전에 확인한 후 진입을 하여야 한다.

3) 다른 경기자에 대한 배려

① 소란이나 정신집중 방해금지

- 경기자는 항상 코스에서 동반자를 배려하여야 하며, 움직이거나 말하기 등 불필요한 잡음으로 경기를 방해하여서는 안 된다.
- 휴대폰의 소음 등으로 경기를 혼란시켜서는 안 된다.
- 경기자가 샷을 준비하면 동반자는 정숙하여야 한다.
- 경기에 영향을 줄 수 있는 조언을 해서는 안 된다.
  단, 포섬경기 시는 팀원끼리 조언이 가능하다.
- 경기자끼리 감정을 상하게 하는 언행을 하여서는 안 된다.

② 그린(Grren) 위에서

- 경기자는 동반자의 퍼팅 라인을 밟아서는 안 된다.

- 경기자가 퍼팅을 할 경우, 동반자가 움직이거나 퍼팅 라인에 그림자를 만들어
  서는 안 된다.

- 조원 모두가 컵인으로 홀 아웃을 할 때까지 그린 주변에 남아 있어야 한다.

③ 스코어(Score) 기록

- 샷을 하기 전에 "이름과 타수"를 말하여 기록에 착오가 없도록 한다.

- 팀원 모두가 홀 아웃을 하게 되면 다음 팀에게 수신호를 주고, 다음 홀의 티잉
  그라운드로 신속히 이동하여 스코어 카드를 기록하며, 상호 확인하여야 한다.

- 경기가 끝나면 팀원 모두가 스코어 카드를 확인하고, 합산한 후에 스코어 카드
  에 서명하여 대회본부에 제출한다.

4) 경기속도

① 약간 빠른 속도유지

- 앞 팀과 속도를 맞추는 것은 팀원 모두의 책임으로, 경기자는 샷을 한 다음에
  는 조금 빠르게 이동하여, 다음 경기를 준비하여야 한다.

- 1개 홀이 비어 있지만 초보자 등으로 지연되는 경우에는 다음 팀이 먼저 경기
  를 할 수 있도록 양보하여야 한다.

- 공을 러프지역에서 찾을 경우, 3분 이상을 지체하여서는 안 된다.

- 임의로 비어있는 홀로 진입하여 임의로 경기진행을 방해하거나 경기속도를
  지연하여서는 안 된다.

② 경기할 준비

- 경기자는 샷의 순서에 따라 바로 경기를 할 수 있도록 항시 준비를 하여야 한다.

- 1개 팀원은 3~4명으로 편성하여 경기를 한다.

5) 코스(Course) 보호

- 잔디보호를 위해 운동화, 골프화를 착용하며, 잔디에 손상을 주는 등산화, 구두, 부츠 등을 착용하여서는 안 된다.
- 샷으로 인하여 잔디가 파이거나 클럽으로 내리쳐서 잔디가 손상되지 않도록 주의한다.
- 샷으로 인하여 잔디가 파였을 경우는 잔디를 보수하여야 한다.
- 코스 내에서는 금연하고, 껌과 침을 뱉는 행위를 금지한다.
- 코스 내에서는 음식물 섭취는 금지하며, 쓰레기는 버리지 않는다.

6) 에티켓(Etiquette) 위반 시 조치

- 경기자가 에티켓을 준수하지 않아서 벌타를 부여받는 경우는 없으나 에티켓을 준수하게 되면 더 즐거운 경기를 하게 될 것이다.
- 경기자가 중대한 에티켓을 위반한 경우, 주최측은 퇴장 조치 또는 대회에서 경기자를 실격시킬 수 있다.

3.2 매너(Manner)

1) 기본적인 매너(Manner)

- 실력에 관계없이 동반자를 매너로 정중하게 대해야 한다.
- 티잉 그라운드에서 순서가 되기 전에 준비하고 기다려야 한다.
- 샷을 하는 경기자 가까이 서서 지켜보거나 연습스윙을 하면 안 된다.
- 동반자가 샷을 할 때는 말을 하거나 움직이지 말아야 한다.
- 동반자가 티 샷이 끝난 후에 굿 샷, 나이스 샷 등의 호응을 한다.
- 동반자의 퍼팅 라인을 밟거나 그림자가 걸치지 않도록 한다.
- 동반자가 퍼팅을 하고 있을 때 준비자세를 하는 것은 안 된다.
- 동반자가 공으로 맞을 위험이 있을 때는 큰소리로 경고를 한다.

- 경기자들의 퍼팅이 끝나면 신속하게 다음 홀로 이동한다.
- 경기진행이 늦거나 공을 찾아야 할 경우, 다음 팀에 양보하여야 한다.
- 벙커에서 샷을 한 경우, 공을 친 흔적을 없애고 나와야 한다.
- 앞 팀이 홀에서 벗어나면 티 샷을 시작한다.
- 뒷 팀이 빠른 게 아니라 우리 팀이 늦을 수도 있다는 생각을 해 본다.
- 스코어 기록은 다음 홀의 티잉 그라운드 주변에서 하여야 한다.
- 원하지 않는 개인지도와 잘못된 습관에 대해 말을 하지 않아야 한다.
- 경기가 끝나면 동반자에게 감사를 표시한다.

2) 좋은 매너(Manner)

- 파크골프에 적합한 복장을 착용하고 필수용구를 휴대하는 행위
- 경기 전에 동반자와 만남의 인사(안녕하세요, 반갑습니다), 경기 후에 감사의 인사(잘 쳤습니다, 또 뵙겠습니다)를 하는 행위
- 티 샷 후에 고무 티를 원위치하는 행위
- 경기자의 공을 보고 굿 샷, 나이스 샷 등으로 격려하는 행위
- 동반자의 분실한 공을 함께 찾아주는 행위
- 세컨드 샷을 하기 전에 이름과 타수를 알려주는 행위
- 컵인된 동반자의 공을 꺼내주는 행위
- 컵인 후 자신의 타수를 동반자에게 말해주는 행위

3) 나쁜 매너(Manner)

- 공 마커가 없어서 낙엽 등으로 마크를 하는 행위
- OB발생 시 먼저 이동하여 OB가 아니라면서 샷을 하려고 속이는 행위
- 샷, 퍼팅하기 전에 2회 이상 연습스윙으로 경기를 지연시키는 행위
- 동반자의 스윙자세 등을 지적하면서 진행을 지연시키는 행위
- 경기 중에 큰소리로 떠들거나 욕설, 농담, 돈내기, 클럽을 던지는 행위
- 경기자의 샷을 방해하는 행위

- 실제 타수보다 적게 계산하여 기록하는 행위
- 홀 컵 가까운 거리에서 한 손으로 퍼팅을 하는 행위
- 음주, 흡연으로 동반자에게 피해를 주는 행위
- 앞 팀의 진행이 밀린다고 비어있는 홀에 새치기를 하는 행위
- 코스 내에서 경기 중에 우산을 쓰는 행위

4) 파크골프(Parkgolf)의 내기 게임(Game)

- 내기 게임은 동반자와 승부에 너무 집착하지 말고, 건전한 경기를 해야 한다.
- 동반자의 실수보다는 실력과 매너를 가지고, 자신과 경쟁하는 마음과 정신력이 필요하다.
- 내기 게임은 재미있게 경기에 집중하게 하는 활력소로 실력향상과 친목도모에 도움이 될 수 있기 때문에, 돈보다는 실력과 매너를 우선하는 경기를 하여야 한다.
- 내기 게임을 많이 이기고 있을 때에는 동반자를 배려하는 마음을 가져야 한다.
- 내기 게임은 매 홀마다 최선을 다하면서 즐기고, 친목도모를 위한 멋진 동반자가 되도록 노력을 하여야 한다.

3. 안전관리

1) 안전수칙

- 경기진행을 위하여 지도자에게 안전교육을 받은 후 파크골프장을 사용한다.
- 운동 전에는 준비운동, 운동 후에는 정리운동을 한다.
- 무리한 스윙을 하지 말고, 거리에 적합한 스윙을 하여야 사고를 사전에 방지한다.
- 경기자가 티잉 그라운드에서 스윙을 할 때에는 동반자는 홀 컵(12시)을 기준으로 4~6시 사이에서 기다리고, 경기자는 샷을 한 후 먼저 나가지 않는다.
- 경기자의 스윙반경에서 벗어나서 안전한 거리를 확보하여야 한다.

- 샷을 할 때마다 전방과 주변에 사람이 있는가를 확인하여야 한다.
- 샷을 한 공이 사람에게 날아갈 경우에는 큰소리로 "공 피하세요"라고 신속하게
  경고를 하여야 한다.
- OB가 난 공을 찾을 경우에는 다른 홀의 경기상태를 확인한다.
- 코스 내에서는 공을 치는 연습 스트로크는 절대로 금지한다.

2) 안전조치

- 경기 중에 안전의 위험요소가 발견되었을 때에는 즉시 통보하여야 한다.
- 경기자가 공을 맞아서 타박상 등이 발생하였을 때는 경기를 중지하고 응급조치
  를 하여야 한다.
- 여름철 무더위로 어지럼증이 발생하였을 때는 그늘로 이동하여 휴식을 취하게
  하고, 심할 경우는 119로 신고를 하여야 한다.
- 의식이 없는 응급환자가 발생하였을 때는 심폐소생술을 실시하면서 즉시 119로
  신고를 하여야 한다.

제4장

파크골프

경기규칙

4.1 경기규칙

1) 스트로크(Stroke) 경기총칙

- 파크골프는 경기자가 1개의 공을 가지고, 클럽으로 티잉 그라운드에서 경기를 시작하여, 1회 이상의 스트로크를 누계하면서 홀 컵에 넣는 것으로 이루어진다.
- 스트로크를 한 후, 원래의 위치로 되돌아가서 다시 칠 수는 없다.
- "홀 컵(Hole cup)과 가깝지 않게 2클럽 이내"의 정의
    a. 최후에 OB라인을 벗어난 지점에서 깃대를 보고 수직방향에 서서, 양팔을 벌려서 좌·우측으로 2클럽 이내의 뒤쪽 반원지역이다.
    b. 홀 컵과 가까운 지역에 공을 놓고 샷을 하면 2벌타를 부여한다.
    c. OB의 경우는 OB말뚝(라인)을 나간 지점, 언플레이어블의 경우는 공이 정지된 지점에서 깃대를 보고 수직방향으로 서서, 양팔을 벌려서 좌·우측으로 2클럽 이내의 뒤쪽으로 반원지역 내에 샷이 가능한 지점에 공을 놓는다.
    d. 앞의 각 항을 위반하였을 경우는 2벌타를 부여한다.
- 홀(Hole)의 비정상적인 상태(수리지, 캐주얼 워터, 배수구, 예비 홀 컵, 스프링 쿨러)에 놓인 공과 분실구 등의 가까운 지점의 구제 방법
- 캐주얼 워터와 분실구의 구제는 공이 놓인 위치 또는 분실되었다고 예상되는 지점에서 가까운 지점으로 선정하는데, 스탠스가 걸리지 않고 스트로크가 가능한 지점에서 홀 컵과 가깝지 않게 2클럽 이내에 공을 놓는다.
- 예비 홀 컵의 위 또는 걸쳐 있는 경우의 공은 클럽 헤드 2개 길이만큼, 그리고 캐주얼 워터, 수리지, 배수구, 스프링 쿨러에서는 페어웨이 좌·우측의 가까운 방향으로 처리할 경계선에서 홀 컵에 가깝지 않게 2클럽 이내에 공을 놓는다.
- 앞의 각 항을 위반하였을 경우는 2벌타를 부여한다.

2) 파크골프(Parkgolf) 벌타

- 벌타는 모두 2타를 부여한다.

3) 스트로크(Stroke) 경기

- 각 홀마다 타수를 누계하여, 코스별로 합산한 총타수로 순위를 결정하는 경기방법이다.
- 합의의 반칙

  경기자는 규칙의 적용에서 배제하기로 하거나 부여받은 벌타를 면제하기로 합의하여서는 안 된다. 이를 위반하였을 경우는 관계자 모두를 경기실격으로 처리한다.

4) 용구

- 경기자가 사용하는 클럽에 경기에 영향을 주는 부속물을 부착하여서는 안 된다.
- 경기자가 1개의 클럽과 공으로 정해진 코스를 경기하여야 한다. 경기자의 클럽이 경기 중에 손상되었거나 분실하였을 경우는 다른 클럽으로 교체할 수 있다. 다만, 분실된 클럽이 발견된 경우는 이것을 다시 사용할 수 있으며, 어느 경우나 동반자의 확인과 대회본부의 재검사를 받아야 한다.
- 앞의 각 항을 위반하였을 경우는 경기실격으로 처리한다.

5) 경기에 적합하지 않은 공(Ball)

- 공에 균열 등이 있으면 경기에 적합하지 않은 공이므로, 적합하지 않다고 생각할 경우에는 확인하기 위해서 벌타없이 공을 집을 수 있다. 이 때, 경기자는 동반자에게 확인시킬 의사를 밝히고, 공의 위치를 마크한 후 공을 집어야 한다.
- 경기에 적합하지 않은 공이라고 동반자의 확인을 받았을 경우는, 경기자의 예비공으로 교체하여 마크할 지점에 공을 놓고, 경기를 한다. 만약에 확인을 하지 못한 경우는 손상된 공으로 경기를 한다. 스트로크를 한 결과, 공이 2개 이상으로 분리된 경우에는 그 스트로크를 취소하고, 경기자는 예비공을 사용하여 벌타없이 다시 경기를 한다.

6) 경기자의 책임

경기자는 경기진행에 필요한 다음 조건을 숙지하여야 한다.

① 용구

용구의 관리책임은 경기자에게 있으므로 구별할 수 있는 표시를 한다.

② 스코어 카드(Score card) 관리

- 경기자는 홀 아웃 시마다 동반자가 타수를 확인하고, 자신의 스코어 카드에는 동반자 전체의 타수를 기록한다. 심판(홀 진행요원)이 있는 경우는 경기자 전체의 타수를 기록하며, 경기자는 홀마다 자신의 타수를 확인한다. 단, 전자기기(LED 전광판 등)를 사용하는 대회에서는 타수기록, 관리방법을 다르게 할 수도 있다.
- 경기가 종료되면 경기자는 홀의 타수와 합계를 확인하고, 동반자 전원이 서명을 하여 빠르게 대회본부에 스코어 카드를 제출하여야 한다. 이 때, 스코어 카드를 제출하지 않거나 서명을 누락한 경기자는 실격으로 처리한다.
- 경기자가 서명한 후, 제출한 스코어 카드는 기재내용의 변경을 인정하지 않는다.
- 경기자가 특정 홀의 타수와 합계를 실제 타수보다 적게 기록하여 제출한 경우는 경기자 전원을 경기실격으로 처리한다. 반대로 경기자가 실제의 타수보다 많은 타수를 기록하여 제출한 경우의 타수는 그대로 처리한다.

③ 지연경기

- 경기자는 경기속도를 의도적으로 지연시켜서는 안 되며, 1개 홀의 경기가 종료되면 빠르게 다음 홀의 티잉 그라운드로 이동하여 스코어 카드를 기록한다.
- 경기자는 앞 팀과의 간격이 2개 홀 이상 떨어지지 않도록 해야 하는데, 발생 시에는 이유에 따라 대회본부에서 해당 팀원 모두에게 2벌타를 부여한다.

7) 연습 스트로크(Stroke)

- 경기 당일에 경기자는 경기 전에 코스에서 공을 치는 연습 스트로크를 하여서는
  안 되며, 이를 위반한 경우는 경기실격으로 처리한다.
- 경기 중에 공을 치는 연습 스트로크를 하여서는 안 되며, 이를 위반한 경우에는
  경기실격으로 처리한다.

8) 경기순서

- 홀에서 제일 먼저 경기할 권리를 부여받은 경기자를 오너라고 말한다.
  경기시작 홀에서 티 샷의 순서는 순서뽑기, 가위바위보 등으로 순서를 정한다.
  다음 홀부터는 앞 홀의 최저타수의 경기자가 오너가 되고, 적은 타수의 순서로
  경기를 한다. 만약에 앞 홀의 타수가 같은 경우에는 그 이전 홀의 타수로 순서를
  정하여 경기를 한다.
- 티 샷 이후의 순서는 깃대에서 가장 먼 공의 경기자가 먼저 경기를 하여야 한다.
  2개 이상의 공이 깃대에서 같은 거리에 있을 경우는 경기자끼리 순서를 정하여
  도 되지만 결정하기 어려운 경우는 이전 타순이 빠른 순서로 경기를 한다.
- 개인전 또는 단체전의 팀간 샷하는 순서를 지키지 않은 경우에는 에티켓 위반이
  므로 무벌타로 처리한다.
  단, 단체전 중 일반 포섬(팀별로 공 1개씩 경기)은 시작하는 홀의 티 샷부터 경기
  가 끝날 때까지, 위반하였을 경우에는 해당 팀에게 2벌타씩을 부여한다. 베스트
  볼을 적용하는 포섬(팀별로 공 2개씩 경기)은 홀 마다 모두 티 샷을 하고나서 선
  택한 공으로 세컨드 샷부터 홀 아웃을 할 때까지, 위반한 경우는 해당 팀에게 2
  벌타씩을 부여한다.

9) 티잉 그라운드(Teeing ground)

① 티잉 그라운드(Teeing ground)의 티업(Tee up)

- 홀마다 티 샷은 티 위에 공을 놓고 샷을 하여야 한다.
- 경기자는 지정된 티잉 그라운드 이외의 장소에서 티 샷을 할 수 없다.

- 경기자는 티잉 그라운드 내에서 티 샷을 할 때, 발이 일부분이라도 티잉 그라운드 밖으로 벗어나서 스트로크를 하여서는 안 된다.
- 방향을 정하는 표시물을 공 앞에 놓고 티 샷을 해서는 안 된다.
- 앞의 각 항을 위반할 경우는 2벌타를 부여한다.
- 티잉 그라운드에서 스트로크를 하지 않고, 공이 클럽에 닿아서 공이 티에서 떨어진 경우에는 1타를 가산하지 않고, 다시 티 샷을 한다.
- 티 샷을 하였는데 1회 이상 공을 맞히지 못한 경우는 스트로크를 하지 않은 것으로 인정하며, 이는 매너위반의 행위이다.

② 티업(Tee up)한 공(Ball)이 떨어진 경우

- 경기자가 스윙을 하지 않은 경우, 공이 티에서 떨어졌다면 벌타없이 다시 티 샷을 할 수 있다.
- 티 샷을 한 결과, 공이 티잉 그라운드에 있는 경우는 연속하여 세컨드 샷을 하여야 한다.
- 티 샷을 하여 클럽 헤드가 공에 가볍게 맞거나 바람의 영향을 받아서 티에서 떨어진 경우는 스트로크를 한 것으로 처리한다.
- 티 샷이나 샷을 하기 전에 연습스윙은 필요한 경우에 1회만 실시하며, 이 때에 공을 맞춘 경우는 스트로크를 한 것으로 처리하고, 정지한 지점에서 다음 경기를 한다.
- 티 샷을 한 공이 장애물을 맞고, 티잉 그라운드 뒤쪽에 정지된 경우는 OB로 판정하고, 티잉 그라운드 뒷면 경계선을 벗어난 지점에서 깃대를 보고 수직 방향으로 서서, 양팔을 벌려서 좌·우측으로 2클럽 이내에 샷이 가능한 지점에 공을 놓고, 다음 경기를 한다.

③ 홀(Hole)을 잘못 진입한 경우

- 다른 홀의 티잉 그라운드에서 1명 이상이 스트로크를 하였을 경우, 그 홀을 홀 아웃하고, 원래 순서의 홀로 되돌아가서 경기를 하여야 한다. 이 경우에

는 팀원 모두가 홀을 잘못 진입하여 경기를 하였으므로, 경기한 홀에 대한 2
벌타를 부여한다.

- 또한, 다른 홀로 진입하여 연속된 경기를 하면 원래 순서의 홀에서 팀원 모두
에게 잘못 진입한 홀의 수에 2벌타씩을 부여한다. 이 때, 원래 순서의 홀에는
더블 파를 적용하지 않는다.(로컬 룰 해당이 안 됨)

10) 공(Ball)은 있는 그대로 상태에서 경기

- 별도의 규칙이 있는 경우를 제외하고, 공은 있는 그대로의 상태에서 경기를 하
여야 한다. 이 때, 경기자에 의해 우연히 움직인 공은 무벌타로 구제한다.
- 경기자는 스트로크를 한 경우를 제외하고, 수목, 긴 풀 등에 접촉하거나 움직일 수
없는 장애물을 이동시키거나 자기의 공 주변의 상황을 개선하여서는 안 된다.
- 클럽 헤드는 준비자세 경우에만 공 뒤의 지면에 닿을 수 있다. 이 때, 목표방향
으로 표시물을 놓거나 클럽 헤드가 지면에 닿아서는 안 된다.
- 경기자는 스탠스 시 양발을 지면에 두면서 임의로 스탠스 할 장소를 만들어서
는 안 된다. 단, 벙커에서는 예외로 한다.
- 앞의 각 항을 위반하였을 경우는 2벌타를 부여한다.

11) 준비자세(Address)와 스트로크(Stroke)

- 티 샷 이후, 경기자가 준비자세를 할 경우에 클럽 헤드가 공에 닿아서 공이 움직
인 경우는 스트로크로 처리하고 1타를 가산한다.
- 경기자가 스트로크를 할 경우, 클럽 헤드가 공에 닿기 전에 스윙을 정지하거나 헛
스윙을 하여 공이 움직이지 않으면 스트로크를 하지 않은 것으로 처리한다. 그러
나, 헛스윙이 되어서 공이 움직인 경우에는 스트로크를 한 것으로 처리한다.
- 경기자가 클럽의 샤프트, 그립의 끝으로 공을 쳐서는 안 된다.
- 정상적인 스윙으로 공을 쳐야 하는데, 백 스윙없이 밀어치기, 당겨치기, 퍼올려
치기 등을 하여서는 안 된다.
- 경기자는 1회 스트로크 중에 2회 이상 공이 클럽 헤드에 맞아서는 안 된다.

- 경기자는 자기의 공이 움직이고 있는 동안은 스트로크를 하여서는 안 된다.
- 경기자가 앞의 3, 4, 5, 6번째 항을 위반하였을 때는 그 경기는 스트로크로 간주하여 1타를 가산하며, 또한 부정한 타로 해서 2벌타를 부여한다.
- 경기자가 스트로크를 한 공이 움직이고 있는 중에는 다음 순서의 동반자가 스트로크를 해서는 안 된다.

12) 뒤바뀐 공(Ball), 교체한 공(Ball)

- 경기자가 동반자의 공으로 스트로크를 한 경우에 타수는 가산하지 않고 동반자의 공을 원위치하며, 자기의 공 위치에서 2벌타를 부여하고, 다음 경기를 한다. 만약에 뒤바뀐 공의 경기자 모두가 스트로크를 한 후에 알았을 경우는 그 홀을 홀 아웃할 때까지 그대로 진행하고 2벌타를 부여한다.
- 다만, 1번 홀에서 공 거치대에 있는 동반자의 공으로 티 샷을 한 경우는 벌타가 없으며, 그 공을 회수하고 자기의 공으로 다시 샷을 한다.
- 경기자가 1개 코스 이내에서 공 교체를 원할 경우, 다음 코스의 1번 홀에서만 가능하다. 이를 위반할 경우는 2벌타를 부여한다. 단, 다른 공으로 교체하는 것이 허용되는 경우에는 2벌타를 부여하지 않는다.

13) 그린(Green) 위의 깃대

그린 위의 홀 컵에 세워진 깃대는 뽑지않고 경기를 한다. 이를 위반하였을 경우는 2벌타를 부여한다.

① 그린 위의 공(Ball)

- 그린 위의 공이 홀 컵에서 2클럽 이내인 경우, 경기자는 동반자에게 통보하고, 먼저 컵인을 하거나 마크를 하거나 또는 그대로 둘 수가 있다.
- 컵인을 안 하고 다음 홀에서 티 샷을 한 경우는 해당 홀에서 실격처리가 되므로 주의를 하여야 한다.(로컬 룰을 적용하는 경우에는 실격이 아닌 로컬 룰에 따른다.)

- 공의 일부가 홀 컵 주변에 걸쳐 있는 경우는 그 상황의 시점부터 10초 내에 홀 컵으로 들어가면 컵인으로 인정한다.

14) 공(Ball)이 움직이거나, 방향이 변경되거나, 정지된 경우

경기자의 스윙에 의하지 않고 공이 정지된 위치에서 다른 위치로 이동하여 정지된 경우, 그 공은 움직인 것으로 처리한다.

① 정지된 공(Ball)이 움직인 경우

- 정지된 공이 국외자 및 동반자에 의해 움직이게 된 경우, 그 공은 움직이기 전에 있었다고 예상되는 지점에서 경기하여야 한다.
- 경기자가 스트로크를 한 경우, 경기자의 동작에 의하지 않고 공이 움직인 경우에는 그 스윙을 정지하고, 그 공이 정지된 지점에서 경기를 하여야 한다. 이 경우에는 스트로크를 하지 않은 것으로 처리한다.
- 경기 중인 공은 경기자가 임의로 공을 집거나 건드리게 되면 2벌타를 부여하고, 원래 있었다고 예상되는 지점에 놓고, 경기하여야 한다.
- 경기자가 움직일 수 있는 장애물을 제거하는 과정에서 공이 움직인 경우는 벌타없이 그 공을 원래 있었다고 예상되는 지점에 놓고, 경기를 하여야 한다.
- 정지되어 있는 동반자의 공이 경기자의 공에 의해 움직인 경우에는 누구에게나 벌타는 없고, 경기자의 공은 정지된 지점에서, 동반자의 공은 예상되는 원래의 지점으로 경기자가 원위치를 하여 하여야 하는데, 필요한 경우에는 다른 동반자가 원위치를 해주어 다음 경기를 하여야 한다.
- 앞의 각 항을 위반하였을 경우는 2벌타를 부여한다.

② 움직이고 있는 공(Ball)이 방향을 변경하거나 정지된 경우

- 경기 중에 움직이고 있는 공이 국외자 또는 동반자에 의해 방향을 변경하거나 정지하였을 경우는 벌타 없고, 그 공은 최종적으로 정지된 지점에서 경기하여야 한다. 이 때, 동반자가 고의로 경기자의 공을 정지하거나 움직인 경우

에는 동반자에게 벌타를 부여한다.
- 경기자의 공이 움직이고 있는 중에 경기자에 의해 방향을 변경하거나 정지된 경우는 경기자에게 벌타를 부여하고, 공이 멈춘위치에서 경기하여야 한다.
- 경기자가 스트로크한 공이 움직이고 있는 중에, 다음 순서의 경기자가 스트로크를 하여 경기자의 공과 충돌하여서는 안 된다. 만약, 충돌한 경우에 2개의 공은 정지된 위치에서(OB 시에는 OB처리 후 벌타를 부여) 다음 경기를 하여야 하며, 다음 순서의 경기자에게 벌타를 부여한다.
- 앞의 각 항을 위반하였을 경우는 2벌타를 부여한다.

15) 구제

① 공(Ball)을 집어올림

- 세컨드 샷부터 집어올린 공은 원위치를 하여야 하므로, 사전에 그 공의 위치를 마크하여야 한다. 만약, 마크하지 않고 집어든 공은 원래 있었다고 예상되는 지점에 놓고, 경기를 하여야 한다.
- 마크를 요구받았을 경우는 홀 컵을 바라보고 공 마커를 공 뒤에 놓고, 공을 집어야 한다. 이 때, 마크를 하는 중에 공을 건드려서 움직이면 벌타없이 공을 원위치하며, 필요한 경우에는 다른 동반자가 마크를 해 줄 수 있다.
- 세컨드 샷부터 공 마커가 동반자의 경기에 방해가 될 경우는 클럽 헤드 2개 길이만큼 좌우로 이동할 수 있다. 이 때, 공 마커를 이동하는 순서와 원위치하는 방법을 지켜야 한다.
- 앞의 각 항을 위반하였을 경우는 2벌타를 부여한다.

② 공(Ball)을 원위치에 놓음(Replace)

- 공을 원래의 위치에 놓을 때는 마크한 경기자 자신이 원위치하여야 한다.
- 공 마커를 찾지 못했거나 옮겨져서 원위치를 확정할 수 없는 경우는 그 공이 정지되어 있었다고 예상되는 지점에 놓아야 한다. 이를 위반하였을 경우는 2벌타를 부여한다.

③ 공(Ball)을 놓음(Place)

- 공을 놓을 경우는 경기자 자신이 놓아야 한다. 경기자에 의하여 움직여진 동반자의 공은 원래 있었다고 예상되는 지점으로 경기자(필요 시 다른 동반자)가 이동시켜야 한다.

- 움직여서 공의 위치를 정할 수 없는 경우는 그 공이 정지되었다고 예상되는 지점에 놓아야 한다.

- 공을 놓은 후에 공이 계속 움직일 경우는 깃대에 가깝지 않게 공이 정지될 수 있는 가까운 지점에 놓아야 한다.

④ **경기에 방해되는 공(Ball)**

- 경기자가 동반자로부터 자신의 공을 마크하도록 요구를 받았을 경우는 마크를 하거나 동반자의 동의하에 먼저 샷을 할 수 있다. 이 경우에 집어든 공은 원위치를 하여야 한다.

- 티 샷을 할 경우는 마크 요구를 할 수 없으며, 세컨드 샷부터 마크 요구는 20m 이내의 공에 대하여 할 수 있다.

- 앞의 1항을 위반하였을 경우는 2벌타를 부여한다.

16) 장애물 구제

① 움직일 수 있는 장애물

경기자는 움직일 수 있는 장애물에서, 다음과 같이 구제를 받을 수 있다.

- 공이 움직일 수 있는 장애물에 의해 스탠스나 스트로크의 방해가 될 경우는 그 장애물을 제거할 수 있다. 장애물을 제거하는 도중에 공이 움직인 경우는 벌타없이 움직인 공을 원래 있었다고 예상되는 지점에 놓아야 한다.

- 공이 움직일 수 있는 장애물 안이나 위에 있을 경우는 벌타없이 그 공을 집고서 장애물을 제거할 수 있다. 이 경우에 집어든 공은 원위치 한다.

- 정해진 위치에 설치된 모래 고르개, 공 회수용 뜰채를 경기자가 사용한 후 원위치를 하지 않은 경우는 다음 경기자가 샷에 방해가 되면 이동시킬 수 있다.

② **움직일 수 없는 장애물**

- 움직일 수 없는 장애물의 안 또는 위에 공이 있거나 이것에 근접해 있기 때문에, 경기자의 스탠스나 스트로크의 방해가 될 경우는 움직일 수 없는 장애물에 의해 장애가 생긴 것으로 인정한다.

- 코스 내에 캐주얼 워터, 수리지, 배수구, 스프링 쿨러, 예비 홀 컵 위에 공이 있거나 겹쳐 있을 경우는 무벌타로, 홀 컵과 가깝지 않게 스탠스와 샷을 할 수 있는 가까운 지점(배수구, 스프링 쿨러는 2클럽 길이 이내, 예비 홀 컵은 클럽 헤드의 2개 길이)에 공을 놓고, 경기를 한다.

- 샷을 하는 목표방향에 움직일 수 없는 장애물이 있는 경우는 구제없이 경기를 진행하여야 한다.

- 1항의 장애물에 따라 공의 스트로크를 할 수 없는 경우에는 이를 구제할 수 없다. 이 경우에는 경기자가 언플레이어블을 선언하고, 처리를 하여야 한다.

- 움직일 수 없는 장애물에 공이 안착한 경우, 이를 훼손하면서 스트로크를 하면 2벌타를 부여한다.

③ **벙커(Bunker)**

- 벙커에서 모래에 있는 공을 치기 쉽도록 클럽 헤드의 밑부분으로 모래를 누르는 경우, 공 주위의 모래를 클럽이나 발로 고르는 경우, 백 스윙없이 밀어내거나 퍼올리는 샷을 하는 경우, 샷을 한 공이 벙커 턱을 맞고 되돌아올 때 무의식적으로 막는 경우는 모두 2벌타를 부여한다.

- 공을 맞추지 못하고, 주변의 모래를 친 경우는 스트로크를 하지 않은 것으로 처리한다.

④ **캐주얼 워터(Casual water)**

- 일시적인 물웅덩이 속에 공이 있거나 그 속에서 스탠스를 취해야 할 경우, 또는 공이나 스탠스의 일부가 물에 겹쳐질 경우에 경기자는 그 공의 상태로 경기를 하거나 캐주얼 워터로 구제를 받을 경우는 그 상태를 동반자의 확인을

받아서 처리할 수 있다. 단, 눈이나 얼음(이슬, 서리는 제외)은 경기자의 선택에 따라 캐주얼 워터 또는 움직일 수 있는 장애물로써 처리를 할 수 있다.
- 경기자가 앞 항의 규칙에 따라 구제를 받을 경우는 다음의 처리를 하여야 한다.
  a. 페어웨이의 경우
     해당 캐주얼 워터에서 좌·우측 가까운 쪽으로 공을 집어들고 경계선에서 깃대를 보고 수직방향으로 서서, 홀 컵에 가깝지 않게 스탠스와 스트로크가 가능한 2클럽 이내의 지점에 벌타없이 공을 놓고, 다음 경기를 한다.
  b. 벙커 내의 경우
     공을 집어 들고, 다음과 같은 지점에 공을 놓고 경기를 한다.
     - 벙커 내에서 캐주얼 워터를 피할 수 있도록 하려면, 홀 컵에 가깝지 않고, 공이 있던 지점에서 스탠스와 스트로크가 가능한 벙커 내에 가까운 지점
     - 벙커 내에 공을 놓을 장소가 없는 경우는 해당 캐주얼 워터를 피하여 홀 컵에 가깝지 않고, 공이 있던 지점에서 스탠스와 스트로크가 가능한 벙커 밖의 가까운 지점
     - 앞의 각 항을 위반하였을 경우는 2벌타를 부여한다.

⑤ 수리지(Ground under repair)

- 수리지 내에 공 또는 경기자의 스탠스 일부가 수리지에 걸쳐 있을 경우는 구제를 받을 수 있다.
- 경기자가 앞 항에 따라 구제를 받은 경우는 좌·우측 가까운 쪽으로 공을 집어들고 수리지의 경계선에서 깃대를 보고 수직방향으로 서서, 양팔을 벌려서 스탠스와 스트로크를 할 수 있는 2클럽 이내의 홀 컵과 가깝지 않은 지점에 공을 놓고, 경기를 하여야 한다.
- 앞의 각 항을 위반하였을 경우는 2벌타를 부여한다.

⑥ 워터 해저드(Water hazard)

- 워터 해저드에 공이 들어가면 구제는 받을 수 없고, 있는 그대로의 상태로 경

기를 하여야 한다.

- 이 때, 워터 해저드 내에서 경기가 안 될 경우에는 경기자는 언플레이어블을 선언하고, 2벌타를 부여한다. 워터 해저드에 공이 떠 있는 위치에서 좌·우측 방향으로 2클럽 이내의 홀 컵에 가깝지 않은 지점에 공을 놓거나 별도의 표시(OB 티)에서 경기를 하여야 한다. 이 때, 워터 해저드에 있는 공을 집어들은 경우는 언플레이어블을 선언한 것으로 처리한다.
- 앞의 각 항을 위반하였을 경우는 2벌타를 부여한다.

17) 분실 또는 OB의 공(Ball)

- 분실한 공을 찾는 시간은 3분 이내로 하여 경기속도를 지연시키지 않도록 하고, 예비공이 없어서 경기진행이 안 될 경우는 경기실격으로 처리한다.
- 공을 분실한 경우는 2벌타를 부여하고, 분실하였다고 예상되는 지점에서 깃대를 보고 수직방향으로 서서, 양팔을 벌려서 홀 컵에 가깝지 않게 2클럽 이내의 지점에서 예비공을 놓고, 경기를 한다. 다만, 분실구로 처리하고 스트로크를 한 후에 공을 찾은 경우에는 그 공을 분실구로 처리한다.
- OB판정은 공이 안착된 지점에서 공을 위쪽에서 보아서 OB라인 또는 2개의 OB말뚝의 연장선에서 벗어난 경우에 OB로 판정한다. OB판정은 경기자가 먼저 하고, 동반자의 확인을 받아야 하며, 이 때에 의견이 다른 경우에는 심판이 판정한다. 만약, 동반자의 확인을 받지않고, 경기를 하였을 경우는 OB로 처리하며, 그 위치가 경계선 밖이라고 확인이 되면 OB처리 방법의 위반으로 2벌타를 추가로 부여한다.
- 그린 주변에 OB라인과 OB말뚝이 동시에 설치된 경우에는 OB라인을 우선하여 정지한 공의 위쪽에서 보아서 경계선에서 벗어난 경우를 OB로 판정한다.
- 공이 OB가 되었을 경우의 처리는 마지막 OB말뚝 또는 OB라인을 벗어난 지점에서 깃대를 보고 수직방향으로 서서, 양팔을 벌려서 좌우측에 2클럽 이내의 홀 컵과 가깝지 않은 지점에 공을 놓고, 다음 경기를 한다. 이 때, 공을 놓을 지점이 없는 경우는 별도의 표시(OB 티)에서 경기를 할 수 있다.

- 그린 주변에서 OB가 난 경우의 처리는 첫번째의 OB말뚝과 두번째의 OB말뚝의 연장선에 수직방향을 기준하여 공이 벗어난 지점에서 깃대를 바라보고, 양팔을 벌려서 좌·우측으로 2클럽 이내의 깃대에 가깝지 않게 공을 놓고 경기를 하는데, 깃대를 향하여 직접 공략이 가능하다.
- 도그레그 홀에서 적색의 OB말뚝을 설치한 경우에는 OB말뚝의 안쪽인 페어웨이로 샷을 하여야 한다.
- 앞의 각 항을 위반하였을 경우는 2벌타를 부여한다.

18) 언플레이어블(Unplayable)의 공(Ball)

- 경기자는 코스 내의 어디에 있더라도 자신의 공을 칠 수 없을 경우는 언플레이어블을 선언하여야 한다.
- 언플레이어블을 선언하게 되는 경우는 2벌타를 부여하며, 그 위치에서 깃대를 보고, 수직방향으로 양팔을 벌려서 좌·우측으로 2클럽 이내로 깃대에 가깝지 않은 지점에 공을 놓고, 경기를 한다. 이 때, 샷이 가능한 지점이 없을 경우는 추가로 벌타없이 이전에 샷을 한 방향으로 이동하면서 샷이 가능한 지점에서 다음 경기를 한다.

19) 대회본부의 운영

① 대회본부는 경기진행을 위하여 다음과 같이 필요한 사항을 제정한다.
- 위원회는 코스 정비 및 OB구역, 수리지의 경계 등을 정확히 표시하고, 모든 설치물의 상태를 확인한다.
- 경기 당일에 경기자가 코스에서의 사전 연습금지에 관해서는 대회요강 등에 공지하여야 한다.
- 천재지변 등의 사유로 경기가 불가능한 상태라고 인정한 경우는 경기의 중지를 결정할 수 있고, 경기의 일부 또는 전부를 무효로 하여 스코어를 취소할 수 있다. 만약, 경기가 잠정적으로 중단되어 다시 재개될 경우는 중지된 위치에서 다시 경기를 하여야 한다.

- 대회기간 중 발생한 사안에 따라 정당한 개인사유가 있는 경우에는 경기실격의 대상에서 제외한다.

② 로컬 룰(Local rule)

대회본부는 파크골프장별 특성에 필요한 최소한의 로컬 룰을 대회 당일에 공지하여야 한다.

- 곡선의 통로(자전거 도로, 보행도로 포함)에서 홀이 구분되어 있을 경우에 통로를 홀의 OB지역 경계로 구분하여야 하는데, OB말뚝으로 표시가 곤란한 경우에 말뚝없이도 통로의 홀쪽 안쪽 라인을 OB경계선으로 할 수 있다.
- 임시 장애물(본부석, 방송기재 등)에 의한 장애물에서의 구제방법을 준비하여야 한다.
- 코스보호를 해야 하는 특정구역(잔디 육성지, 식수지, 재배지 등)을 경기 금지구역인 수리지로 표시한다.
- 도그레그 홀(Dog-leg hole)은 오른쪽 또는 왼쪽으로 굽어져 직진형이 아닌 상태의 홀을 말하며, 안전 또는 난이도를 고려하여 직접적으로 공략을 못하게 할 수 있다.

③ 별도의 표시(OB 티)

- 대회본부는 워터 해저드와 그린 주변에서 OB가 난 공을 처리함에 있어서 공을 놓을 장소가 없을 경우에는 근접한 지점의 좌·우측에 별도의 표시(OB 티)를 할 수 있으며, 이를 경기자에게 공지하여야 한다.

④ 순위결정

대회본부는 대회에서 경기방식, 홀 진입방법을 포함하여 경기 스코어의 순위를 결정하는 방법 등을 경기자에게 공지하여야 한다.

⑤ 규칙에 없는 사항

분쟁의 쟁점이 경기규칙에 명시되어 있지 않을 경우에는 형평의 원칙에 따라 처리하고, 이후에 추가로 제정한다.

4.2 상황별 경기규칙

1) 티 업(Tee up) 하기 전
- 경기 전, 경기 중 코스 내에서 연습 스트로크를 하는 경우 : 실격
- 경기 중 동반자에게 조언하는 경우 : 에티켓 위반
- 경기시작 후 도착한 경우 : 실격

2) 샷(Shot) 동작
- 클럽의 샤프트, 그립 끝으로 공을 친 경우 : 2벌타
- 백 스윙없이 밀어내기, 퍼 올리기, 끌어당기기 행위 : 2벌타
- 클럽 헤드면에 공이 2회 이상 연속하여 접촉하는 경우 : 2벌타
- 샷을 하였으나 헛스윙이 된 경우 : 1타 가산 안 한다.

3) 티잉 그라운드(Teeing ground)
- 티잉 그라운드에서 발이 일부라도 벗어난 스탠스로 티 샷을 한 경우 : 2벌타
- 샷 의도가 없는 연습 스윙 시 클럽 헤드에 공이 맞아 티에서 떨어진 경우 : 1타 가산
- 티잉 그라운드 이외의 위치에 공을 놓고, 티 샷을 한 경우 : 2벌타
- 티 샷 시 클럽 헤드에 살짝 맞거나 헛스윙으로 공이 티에서 떨어진 경우 : 1타 가산
- 티 위에 공을 놓지 않고 티 샷을 한 경우 : 2벌타
- 방향을 정하는 표시물을 놓고, 티 샷을 한 경우 : 2벌타
- 티 샷을 한 공이 티잉 그라운드 후면에 정지한 경우 : 2벌타
- 티 샷을 하기 전에 2회 이상 연습스윙을 한 경우 : 매너 위반

4) 정지된 공(Ball)

- 놓여진 공 주위의 잔디, 모래 등을 클럽, 발 등을 이용하여 고르거나 샷 하기 좋게 개선하는 경우 : 2벌타
- 공 주변의 이동할 수 없는 장애물을 이동하는 경우 : 2벌타
- 나뭇가지를 자르거나 발로 걷어 올리는 경우 : 2벌타
- 옮길 수 없는 장애물로 샷이 불가능한 경우에 언플레이어블을 선언하지 않고, 클럽으로 잡아당기는 샷을 한 경우 : 2벌타
- 나무 밑의 공을 백 스윙없이 클럽으로 끌어당기는 경우 : 2벌타
- 긴 풀에 파묻힌 공을 움직여서 자신의 공인지를 확인하는 경우: 2벌타
- 공에 접근하여 고의로 공을 움직인 경우 : 2벌타
- 공에 접근하여 무심결에 공을 밟은 경우 : 벌타 없음
- 공 앞의 목표방향에 표시물을 놓거나 클럽 헤드가 지면에 닿은 경우 : 2벌타

5) 움직이는 공(Ball)

- 경기자의 공이 움직이는 가운데, 다음 경기자가 샷을 하여 충돌한 경우 : 2벌타
- 샷을 한 공이 장애물을 맞고서 자신의 몸에 맞은 경우 : 2벌타
- 준비자세 이후 백 스윙 도중에 공이 움직여서 백 스윙을 중지한 경우 : 벌타 없음
- 경사면에서 움직이는 공을 경기자가 클럽 또는 발로 막은 경우 : 2벌타
- 움직이는 공이 동반자에 의해 멈춘 경우 : 벌타 없음
- 충돌로 움직여진 동반자의 공을 원위치하지 않고 샷을 한 경우 : 2벌타
  이 때에 필요한 경우, 다른 동반자가 원위치한 경우 : 벌타 없음(가능)

6) 공(Ball) 교환

- 경기 중에 임의로 공을 교체한 경우(동일 코스 1~9홀 내) : 2벌타

7) 뒤바뀐 공

- 경기자가 세컨드 샷부터 동반자의 공으로 샷을 한 경우 : 2벌타

- 1번 홀의 공 거치대에서 다른 경기자의 공으로 친 경우 : 벌타 없음

8) 공(Ball) 손상

- 공에 금이 가서 동반자에게 알리고 교체한 경우 : 벌타 없음
- 공이 2개로 분리된 경우 : 벌타 없음

9) 마크(Mark)

- 마크 요구가 없는데 공을 임의로 집어서 이물질을 제거한 경우 : 2벌타
- 공을 먼저 집은 후에 마크하는 경우 : 2벌타
- 마크한 뒤에 공 마커를 먼저 집은 후에 공을 놓는 경우 : 2벌타
- 마크할 때 홀 컵과 가깝게 공 앞쪽 또는 옆에다 마크하는 경우 : 2벌타
- 장해물이 방해되어 공을 임의로 좌·우로 이동하는 경우 : 2벌타
- 공 마커를 좌·우로 이동한 후 원위치하지 않고 샷한 경우 : 2벌타
- 마크하는 도중에 공을 건드린 경우 : 벌타 없음
- 티 샷에서 동반자의 공에 대해 마크를 요구한 경우 : 요구 불가
- 20m 이상 거리의 동반자 공에 대해 마크를 요구한 경우 : 요구 불가
- 경기자가 마크를 요구하는데, 이에 불응한 경우 : 매너 위반
  이 때에 필요한 경우, 다른 동반자가 마크해 주는 경우 : 벌타 없음(가능)

10) 움직일 수 있는 장애물

- 공 주변의 낙엽, 작은 돌, 나뭇가지 등을 치운 경우 : 벌타 없음
- 움직일 수 있는 장애물을 이동하다가 공을 건드린 경우 : 벌타 없음

11) 움직일 수 없는 장애물

- OB말뚝(라인)을 제거한 후 샷을 하는 경우 : 2벌타
- 나뭇가지 등에 공이 걸려서 샷을 할 수 없는 경우 또는 장애물을 훼손하면서 샷
  을 하는 경우 : 2벌타

- 준비자세를 하면서 안전망을 신체의 일부분으로 걷어올리는 등의 행위 : 2벌타

- 안전망 뒤에서 망을 먼저 치면서 공을 친 경우 : 2벌타

- 백 스윙 도중에 안전망을 건드린 경우 : 벌타 없음

- 깊은 러프에서 공 주변의 긴 풀을 정리한 경우 : 2벌타

- 캐주얼 워터, 수리지, 배수구, 스프링 쿨러, 예비 홀 컵에 공이 위에 또는 걸쳐 있는 경우 : 구제 가능

- 샷을 하는 목표방향에 고정 장애물이 있는 경우 : 구제 안 됨

12) OB난 공의 처리

- OB경계를 나간 지점에서 홀 컵에 가깝게 2클럽 이상 공을 놓은 경우 : 2벌타

- OB여부가 애매한 지점에서 동반자 또는 심판의 확인없이 샷을 한 경우 : 2벌타

- OB라인이 샷에 지장이 있어서 발로 밟고 샷을 한 경우 : 벌타 없음

- OB가 난 공을 경기규칙대로 처리하지 않고, 다음 경기를 한 경우 : 2벌타

13) 언플레이어블(Unplayable)

- 언플레이어블 상황에서 공을 집은 경우 : 2벌타

- 언플레이어블 선언 후에 공이 있던 지점에서 홀 컵과 가깝게 또는 2클럽 이상인 곳에 공을 놓은 경우 : 2벌타

- 2클럽 이내로 처리 시 샷을 할 위치가 없을 경우에 티잉 그라운드 방향으로 가장 근접한 곳에 공을 놓는 경우 : 벌타 없음

14) 분실한 공(Ball)

- 경기 도중에 공을 찾지 못하여 분실구가 발생한 경우 : 2벌타

- OB가 난 공이 분실된 경우 : 2벌타

- 경기진행의 지연행위(3분 이상) 및 앞 팀과의 간격이 2홀 이상 벌어진 경우 : 2벌타

15) 그린(Green)

- 퍼팅 라이를 좋게 하기 위해 잔디 등을 클럽으로 고르는 경우 : 2벌타

- 홀 컵에서 2클럽 이상의 거리에 있는 자신의 공을 임의로 마크한 경우 : 2벌타

- 홀 컵에 가까이 있는 공을 무의식적으로 집은 경우 : 2벌타

- 홀 컵에 가까이 있는 공을 한 손으로 퍼팅하는 경우 : 매너 위반

- 깃대를 뽑고 퍼팅하는 경우 : 2벌타

- 컵인으로 홀 아웃을 하지 않고, 다음 홀에서 경기한 경우 : 실격

- 공이 홀 컵 주변에 걸쳐 있어서 10초를 초과하여 기다린 경우 : 매너 위반

16) 벙커(Bunker)

- 공을 백 스윙없이 퍼올리기 또는 밀어내거나 당겨 친 경우 : 2벌타

- 공 주변의 모래를 정리하여 라이를 좋게 하는 경우 : 2벌타

17) 캐주얼 워터(Casual water)

- 일시적인 물웅덩이에 공, 스탠스가 걸치므로 2클럽 이상의 지점 또는 홀 컵에
  가까이 공을 놓은 경우 : 2벌타

- 벙커 내의 물웅덩이에 공, 스탠스가 걸쳐 있어서 벙커 밖으로 공을 꺼낸 경우 :
  2벌타

18) 워터 해저드(Water hazard)

- 워터 해저드에 공이 빠져 샷을 할 수 없는 경우 : 2벌타

- 수로에 빠져서 움직이는 공을 쳐 내는 경우 : 2벌타

- 워터 해저드 처리 시 2클럽 이상의 지점 또는 홀 컵에 가까이 공을 놓은 경우 :
  2벌타

19) 홀(Hole)을 잘못 진입

- 1개 홀을 잘못 진입하여 경기한 경우 : 2벌타(전원)

- 3개 홀을 잘못 진입하여 경기한 경우 : 6벌타(전원)

20) 수리지(Ground under repair), 배수구, 스프링 쿨러(Spring cooler)

- 처리할 경우, 2클럽을 초과한 지점 또는 홀 컵에 가까이 공을 놓은 경우 : 2벌타

21) 별도의 표시(OB 티)

- 그린 주변에서 OB난 공을 처리 시 공을 놓을 장소가 없을 경우에 해당 부근의 좌·우측에 별도의 표시(OB 티) 가능한가? : 가능
- 워터 해저드 부근의 좌·우측에 별도의 표시(OB 티) 가능한가? : 가능

22) 기타

- 스코어 카드에 실제 타수보다 적게 기록한 경우 : 해당자 실격
- 규칙 적용을 배제하거나 부여받은 벌타를 면제하기로 합의한 경우 : 전원 실격

제5장

파크골프

용어

1) ㄱ(기역)

- 갤러리(gallery) : 경기를 구경하는 사람들
- 경기자 : 파크골프 경기를 하는 사람
- 국외자 : 경기자, 동반자 이외의 3자로 동물, 물건 등
- 굿 샷(good shot) : 경기 중에 동반자의 좋은 샷을 칭찬해 주는 말
- 그린(green) : 페어웨이의 잔디보다 짧게 깎아놓은 지역이며, 홀 컵 주변에서 퍼
  팅하는 지역
- 그린 벙커(green bunker) : 그린 주변의 벙커
- 그라운드(ground) : 파크골프 경기장의 지면 전체
- 그립(grip) : 고무 또는 가죽으로 된 클럽의 손잡이

2) ㄴ(니은)

- 나이스 샷(nice shot) : 굿 샷과 같이 칭찬하는 말
- 나이스 인(nice in): 퍼팅한 공이 홀 인 되었을 때 동반자가 칭찬하는 말

3) ㄷ(디귿)

- 다운 블로(down blow) : 공을 클럽 헤드로 내려치는 동작
- 다운 스윙(down swing) : 백 스윙을 한 후에 정점에서 공을 향해 내려 오는 동작
- 더블 보기(double bogey) : 기준타수보다 2타 많은 타수로 컵인한 경우
- 더블 파(double par) : 기준타수보다 2배 많은 타수로 컵인한 경우
- 도그레그 홀(dog-leg hole) : 홀 중에서 페어웨이가 개의 뒷다리 같이 오른쪽이
  나 왼쪽으로 굽어진 상태의 홀
- 동반자 : 함께 경기하는 경기자
- 드라이빙(driving) : 티잉 그라운드에서 공을 치는 동작
- 드로(draw) : 약간 왼쪽으로 휘면서 나아가는 구질
- 디봇(divot) : 클럽 헤드에 맞아서 잔디가 패인 곳

4) ㄹ(리을)

- 라운드(round) : 정해진 홀의 순서에 따라 경기를 진행하는 행위

- 라이(lie) : 공이 지면에 놓여져 있는 위치나 상태

- 라인(line) : 공과 홀 컵을 연결하는 가상선이며, 퍼팅 라인의 의미

- 라인 업(line up) : 목표 홀을 향해서 몸을 정렬하는 동작

- 러프(rough) : 페어웨이 양쪽의 바깥지역으로 잔디길이는 5cm 이상

- 러프 샷(rough shot) : 러프지역에서 클럽을 약간 덮어서 공을 쳐서 탈출하는 샷

- 로브 샷(lob shot) : 의도적으로 공을 높이 띄워치는 샷

- 로스트 볼(lost ball) : 경기 중에 숲속, 러프 또는 물속으로 들어가 분실한 공이나
  3분 이내에 찾지 못하는 상황의 공

- 로컬 룰(local rule) : 기본규칙 외에 파크골프장 자체의 규칙

- 로프트(loft) : 클럽 헤드를 지면에 놓았을 때 헤드면과 지면의 각도

- 레이 아웃(lay out) : 조성한 코스 내의 홀의 배치상태

- 레이 업(lay up) : 어려운 상황의 공을 좋은 위치로 보내는 샷

- 롱 홀(long hole) : 일반적으로 제일 긴 홀을 말하며, Par5 홀을 의미

- 리플레이스(replace) : 마크한 공을 되돌려 놓는 동작이나 행위

5) ㅁ(미음)

- 마운드(mound) : 벙커나 그린 주변의 작은 언덕

- 마커(marker) : 스코어 카드를 작성하는 기록자

- 마크(mark) : 공이 있는 위치를 표시하는 것

- 매너(manner) : 경기자가 지켜야 할 예절과 태도

- 메달리스트(medalist) : 경기에서의 우승자

- 매치 플레이(match play) : 홀별로 승부를 겨루어 이긴 홀 수가 많은 경기자가 승
  자가 되는 방식

- 미들 홀(middle hole) : 통상적으로 Par4 홀을 지칭

- 미스 샷(miss shot) : 경기 중의 실수로 공을 잘못 샷한 것

6) ㅂ(비읍)

- 백 스윙(back swing) : 준비자세를 한 다음 테이크 백을 시작으로 클럽을 뒤로 끌어올리는 동작
- 백 스윙 탑(top of back swing) : 백 스윙의 정점
- 백 카운트(back count) : 동타일 경우, 경기자의 스트로크 카드를 비교하여 순위를 결정하는 방식
- 버디(birdie) : 기준타수보다 1타 적은 타수로 컵인한 경우이며, 작은 새를 의미
- 벙커(bunker) : 코스의 난이도를 높여 주기 위해 모래 등을 넣은 웅덩이
- 별도의 표시(OB 티) : OB가 난 경우, OB처리를 할 수 없는 특이한 홀에서 페어웨이 내 또는 그린 주변의 좌·우측에 설치
- 베이스볼 그립(baseball grip) : 두 손의 손가락 모두로 그립을 감아 잡는 방법
- 베스트 볼(best ball) : 1개 조 4명이 2:2로 팀을 각자의 공으로 티 샷을 한 후, 좋은 공 1개씩을 선택하여 이후 포섬 방식으로 승부를 겨루는 방식
- 보기(bogey) : 한 홀의 기준타수보다 1타 많은 타수
- 볼 마커(ball marker) : 공의 위치에 놓은 표시물, 공 마커
- 볼 포켓(ball pocket) : 예비공과 스코어 카드 등을 보관하는 용구

7) ㅅ(시옷)

- 사이드 벙커(side bunker) : 경기장 옆으로 있는 벙커
- 샤프트(shaft) : 클럽 헤드에서 그립까지 연결된 막대기
- 샷(shot) : 클럽으로 공을 치는 동작, 볼 샷
- 샷 건(shot gun) : 경기자를 전체 홀에 배치한 후, 신호에 따라 동시에 경기를 시작하는 방식
- 서든 데스(sudden death) : 동타일 경우, 연장전에서 낮은 타수로 승부를 결정하는 경기방식
- 수리지(ground under repair) : 잔디를 새로 입힌지역 등으로 경기를 금지하는 구역이며, 상단을 5cm 청색 띠로 표시

- 스트로크(stroke) : 클럽 헤드가 공을 치기 위해 앞으로 움직이는 동작
- 스트로크 플레이(stroke play) : 전체 홀을 라운드한 후 가장 적은 타수가 승자가 되는 경기방식
- 스웨이(sway) : 스윙할 때, 몸의 중심이 좌우로 흔들리는 동작
- 스윗 스폿(sweet spot) : 공을 치는 클럽 헤드의 중심
- 스윙(swing) : 클럽을 뒤쪽으로 이동하여 목표방향으로 폴로 스루를 하는 동작
- 스코어(score) : 경기기록 타수
- 스코어 카드(score card) : 타수 기록지
- 스퀘어 스탠스(square stance) : 두 발의 끝을 홀의 깃대방향으로 나란하게 한 자세
- 스탠스(stance) : 경기자가 준비자세를 하기 위해 두 발의 위치를 정하는 방식
- 숏 게임(short game) : 홀 컵 주변의 짧은 거리의 경기방법
- 숏 홀(short hole) : 통상적으로 Par3 홀을 지칭
- 슬라이스(slice) : 공이 곧게 또는 왼쪽으로 가다가 낙하지점 부근에서 오른쪽으로 날아가는 구질
- 쓰리 볼(three ball) : 3명이 1:2로 팀을 나누어 3개의 공으로 경기를 한 후, 팀별로 스코어가 좋은 1명끼리 타수를 기록하며 승부를 겨루는 방식
- 쓰리섬(threesome) : 3명이 1:2로 팀을 나누고, 2명의 팀은 1개의 공을 번갈아가며 경기를 하여, 홀별로 승부를 겨루는 방식

8) ㅇ(이응)

- 아크(arc) : 스윙을 할 때 클럽 헤드가 그리는 선
- 안내판 : 경기장을 한 눈으로 볼 수 있게 기록해 둔 종합안내판
- 알바트로스(albatross) : 기준타수보다 3타 적은 타수로 컵인을 한 경우
- 어드바이스(advice) : 경기자가 경기에 영향을 주는 조언, 농담 등
- 어드레스(address) : 스윙을 하기 위한 준비자세
- 어프로치 샷(approch shot) : 그린 주변에서 홀 컵에 공을 접근시키기 위한 샷

- 언더 파(under par) : 기준타수보다 적게 친 점수, 반대 용어는 오버 파

- 언플레이어블(unplayable) : 장애물 지역에서 공을 칠 수 없을 때, 경기 불가능에 대한 선언

- 에임(aim) : 목표방향과 몸을 정렬하는 동작

- 에티켓(etiquette) : 경기 중에 지켜야 할 사항

- 오구 : 자신의 공 이외에 공을 치는 동작

- 오너(honor) : 티잉 그라운드에서 제일 먼저 티 샷을 하는 경기자

- 오버래핑 그립(overlapping grip) : 오른손의 새끼손가락을 왼손의 검지나 검지와 중지 손가락 사이 위에 놓고 잡는 방법

- 오버 스윙(over swing) : 클럽 헤드를 지나치게 크게 휘두르는 동작

- OB(out of bounds) : 1개 홀을 표시하는 흰색 말뚝이나 라인으로 된 경계를 벗어난 경우는 벌타를 부여하며, 경기 금지구역, 아웃 오브 바운드의 약자

- 오소 플레이 : 정지된 공의 위치에서 임의로 이동시키거나 원위치 없이 다음 경기를 한 경우

- 오픈 스탠스(open stance) : 왼쪽 발을 뒤로 빼는 자세

- 왜글(waggle) : 클럽 헤드를 좌우로 흔드는 동작

- 움직일 수 없는 장애물 : 장애물 중에서 코스에 설치되어 있는 것으로 안전망, 배수구의 뚜껑, OB말뚝, 펜스, 화단의 담장 등

- 움직일 수 있는 장애물(loose impediment) : 장애물 중에서 돌, 낙엽 등과 같이 고정되어 있지 않은 자연물이나 모래 고르개 등의 인공 장애물

- 워터 해저드(water hazard) : 바다, 하천, 연못, 배수로 등 물의 유무에 관계없는 수역

- 위너(winner) : 경기에서 승리한 경기자

- 이벤트(event) : 경기 또는 행사

- 이글(eagle) : 기준타수보다 2타 적은 타수로 컵인을 한 경우, 독수리를 의미

- 인터록킹 그립(interlocking grip) : 왼손의 검지손가락을 오른손의 약지와 새끼 손가락 사이로 끼워서 잡는 방법

- 임팩트(impact) : 스윙할 때 클럽 헤드로 공을 맞추는 동작

9) ㅈ(지읒)

- 장애물 : 자연물, 인공물의 구별없이 경기 중에 만나는 모든 장애물
- 정규 라운드 : 9개 홀을 기본단위로 설치

10) ㅊ(치읓)

- 출발 표지판 : 홀마다 설치하는 기본 제원(Par4, 75m)을 표시한 표지판

11) ㅋ(키읔)

- 카드(card) : 스코어 카드의 줄임말
- 캐주얼 워터(casual water) : 코스 내에 일시적으로 생긴 물웅덩이
- 컵인(cup-in) : 공이 홀 컵 안으로 들어가는 상태로 한 홀의 경기종료
- 코스(course) : 파크골프 코스의 줄임말이며, 9개 홀 단위로 구성된 경기구역,
  경기가 허용되는 파크골프장 전체
- 코킹(cocking) : 백 스윙을 할 때, 손목을 꺽는 동작
- 콘도르(condor) : 기준타수보다 4타 적은 타수로 컵인한 경우, 큰 독수리를 의미
- 쿼드러플 보기(quadruple bogey) : 한 홀에서 기준타수보다 4타 많은 타수
- 쿼터 스윙(quarter swing) : 4분의 1 스윙
- 크로스 벙커(cross bunker) : 경기장을 가로지르는 벙커
- 클럽(club) : 공을 치는 파크골프 채이며, 헤드, 샤프트, 그립으로 구성
- 클럽 하우스(club house) : 경기장에 사무실, 휴게실 등이 있는 건물
- 클럽 헤드(club head) : 공을 치는 타구면의 덩어리
- 클럽 페이스(club face) : 공을 치는 타구면
- 클로즈 스탠스(close stance) : 오른쪽 발을 뒤로 빼는 자세

12) ㅌ(티읕)

- 탑 스윙(top swing) : 백 스윙의 정점
- 테이크 백(take back) : 준비자세에서 백 스윙하기 위해 클럽을 뒤로 빼는 동작
- 템포(tempo) : 스윙의 빠르기
- 트러블 샷(trouble shot) : 공을 치기 어려운 상태에서 공을 쳐내는 샷
- 티(tee) : 티 샷을 하려고 공을 올려놓는 2.3cm의 고무 제품, 공 받침대
- 티 마커(tee marker) : 티잉 그라운드에서 공을 놓고 샷 하는 지점 표시
- 티 박스(tee box) : 티잉 그라운드의 별칭
- 티 샷(tee shot) : 티잉 그라운드에서 공을 티 위에 놓고 1타를 치는 샷
- 티 업(tee up) : 티 샷을 하려고 공을 티 위에 올려놓는 동작
- 티 오프(tee off) : 라운드의 첫번째 티 샷을 하는 것, 또는 경기를 시작하는 것을
  의미
- 티잉 그라운드(teeing ground) : 각 홀의 출발장소로 티 샷을 하는 장소, 일명
  티 박스
- 트리플 보기(triple bogey) : 기준타수보다 3타가 많은 타수로 컵인한 경우

13) ㅍ(피읖)

- 파(par) : 홀의 기준타수
- 파우치(pouch) : 경기용품을 보관하는 휴대용 가방
- 파트너(partner) : 경기를 함께 하는 동반자
- 퍼팅 라인(putting line) : 퍼트를 했을 때 공이 지나가는 선
- 패널티(penalty) : 경기 중 벌칙으로 2점 벌타를 가산하는 것
- 퍼트(putt) : 그린에서 클럽으로 공을 홀 컵에 넣는 동작
- 펀치 샷(punch shot) : 공 뒤를 내리찍어 치는 타법, 대개 러프 샷을 할 때 사용
- 페어웨이(fairway) : 티잉 그라운드에서 그린까지 최소 3m 이상의 폭의 잔디로
  구성되어 있으며, 잔디길이는 3cm 정도의 지역
- 포 볼(four ball) : 1개 조 4명이 2:2로 팀을 나누어 4개의 공으로 경기한 후, 팀
  별로 스코어가 좋은 1명끼리 타수로 승부를 겨루는 방식

- 포섬(foursome) : 4명이 2인 1조로 경기를 하는 방식
- 폴로 스루(follow through) : 임팩트 후에 클럽 헤드가 연속적으로 피니쉬까지 이동하는 단계
- 푸시(push) : 밀어치는 샷
- 플레이 볼(play ball) : 경기 중에 있는 공
- 플레이스(place) : OB, 분실구 등의 규칙에 따라 공을 놓는 동작, 행위
- 플레이어(player) : 파크골프장에서 경기를 하는 경기자
- 피니쉬(finish) : 임팩트 이후에 폴로 스루를 하고 스윙이 끝난 상태
- 핀(pin) : 홀의 위치표시로 홀 컵의 중심에 세워진 깃대

14) ㅎ(히읗)

- 하프 스윙(half swing) : 전체 스윙의 1/2만 움직이는 동작
- 헤드업(head-up) : 공치는 순간에 머리를 고정하지 못하고 드는 행위
- 헤드 페이스(head face) : 클럽 헤드가 공과 접촉하는 부분, 헤드면
- 해저드(hazard) : 벙커, 연못, 물웅덩이 등의 모든 장애물지역
- 홀 아웃(hole out) : 같은 팀 전원이 한 홀이 끝나는 상태
- 홀 인 원(hole in one) : 샷을 한 공이 1타로 홀 컵에 들어간 경우
- 홀 컵(hole cup) : 그린에 설치된 공을 넣는 구멍(직경 20cm, 깊이 10cm 이상)

제6장

파크골프
구술시험 예상문제

6.1 파크골프 기본

1) 파크골프 소개

문제1. 파크골프에 대해 설명하시오.

답] Park(공원)와 Golf(골프)의 합성어로, 도심의 공원에서 1개의 클럽과 공으로 9홀이나 18홀을 경기하며, 간편하게 즐길 수 있는 생활스포츠

문제2. 골프와 파크골프의 차이점에 대해 설명하시오.

답] ① 홀 길이가 골프에 비해 파크골프가 짧고

② 기준타수가 18홀 기준, 골프는 72타, 파크골프는 66타이며

③ 골프는 여러 개의 채를 사용하지만 파크골프는 1개의 채만을 사용

④ 골프공 직경은 4.27cm로 홈이 있지만 파크골프공은 6cm로 홈이 없고

⑤ 골프는 비용이 비싸지만 파크골프는 저렴하다.

문제3. 파크골프의 장점을 설명하시오.

답] ① 클럽이 1개로 배우기 쉽고 재미있다.

② 도시 인근의 강변, 공원 등 구장이 위치해 있어 접근성이 좋다.

③ 비용이 적게 든다.

④ 천연잔디를 걸으며 하는 운동으로 신체에 무리가 가지 않는다.

⑤ 3세대가 함께 하며 즐길 수 있다.(가족형이다.)

문제4. 파크골프가 골프와 유사한 점에 대해 설명하시오.

답] ① 경기 중에 사용하는 용어

② 경기자가 운동하는 방법

③ 경기 시 적용하는 경기규칙

④ 유산소 운동효과 등

문제5. 파크골프장에서 준비운동을 하는 이유를 설명하시오.

답] ① 경기하기 전에 신체조건이 적응할 수 있도록 준비운동을 통해 관절이나 근육 등 부상을 방지하고

② 스윙운동에 적응하는 몸 상태를 만들 수 있다.

문제6. 파크골프 정리운동의 중요성을 설명하시오.

답] 운동 후 전신근육과 관절을 가볍게 움직여 근육에 생성된 젖산이나 피로물질을 제거함으로써 피로를 해소할 수 있다.

문재7. 파크골프를 할 때, 신체에 필요한 것에 대해 설명하시오.

답] 유연성, 근력, 균형감

문제8. 파크골프의 사회적으로 긍정적인 효과를 설명하시오.

답] ① 국토 환경관리 및 생태환경에 기여하며, 새로운 관광사업으로 지역경제 활성화에 도움을 주고

② 주민의 복지증진과 지역사회 공동체 정신에 기여하며

③ 파크골프대회 및 관광산업으로 지역사회의 경제를 활성화하고

④ 3대가 즐기는 세대 융합 스포츠로 세대간 갈등해소 및 세대간 사회문제를 해결한다.

문제9. 파크골프가 국민에게 줄 수 있는 긍정적인 효과를 설명하시오.

답] ① 일자리, 사업체 확장 및 파생, 또한 파크골프장 주변의 활기, 도시 강변의 경관을 향상시키며, 의료보험비 또한 절감 가능성이 있다.

② 골프의 장점들은 돈을 들이지 않고 모두 느낄 수 있으며, 정서적 성장 및 집중력을 키울 수 있다.

③ 시니어들의 운동 공간이 되며, 소외 노인들의 사각지대에서 발생할 수 있는 사회적 문제를 예방할 수 있다.

문제10. 파크골프 역사를 설명하시오.

답] ① 파크골프는 1983년 일본 홋카이도 토치카지방의 마쿠베츠 공원에서 시작

② 파크골프는 2004년 서울 여의도파크골프장을 공식적으로 개수를 늘려가며 보급화를 진행

③ 2025년 기준, 전국적으로 500개 이상의 파크골프장에서 100만명 이상의 동호인이 파크골프를 즐긴다고 할 수 있다.

2) 파크골프장 구성

문제1. 9홀 파크골프장의 최소 면적기준에 대해 설명하시오.

답] 약 8,250m^2(2,500평) 이상을 권장

문제2. 9홀 파크골프장의 총길이는 몇 m인지 설명하시오.

답] 500~790m

문제3. 홀 1개의 최대길이는 얼마인지 설명하시오.

답] 150m 이하 : Par3 홀(쇼트 홀) 4개, 길이는 40~60m,

Par4 홀(미들 홀) 4개, 길이는 60~100m,

Par5 홀(롱 홀) 1개, 길이는 100~150m, 총 기준타수는 33타이다.

문제5. 코스란 무엇인지 설명하시오.

답] ① 경기가 허용되는 구역을 의미하고,

② 9개 홀 단위로 구성된 구역이다.

문제6. 코스의 구성에 대해 설명하시오.

답] ① 벙커는 주위보다 깊거나 같은 높이로 모래가 있는 장애물이며

② 코스에 난이도를 부여하기 위해 연못, 나무, 수풀 등 장애물을 조성

③ OB말뚝은 러프의 바깥쪽을 표시한 경계선에 설치

문제7. 코스 내에서 무벌타로 구제받을 수 있는 경우를 설명하시오.

답] 예비 홀 컵, 배수구, 스프링 쿨러, 수리지, 캐주얼 워터에 공이 놓인 경우

문제8. 청색 9번 홀 다음에 진입해야 하는 홀에 대해 설명하시오.

답] C코스 황색 1번 홀

문제9. 설치물 중에 코스별 깃발이 설치되어 있다. A. B. C. D코스의 깃발 색깔은 어떻게 되는지 설명하시오.

답] A코스 적색, B코스 청색, C코스 황색, D코스 백색
36홀 이상일 경우, E코스부터 다시 적색을 사용

문제10. 클럽하우스의 역할을 설명하시오.

답] 구장에 도착했을 때 접하는 시설로, 구장비 결제, 운동순서 확인, 용구 대여, 환복, 휴식공간 등을 제공

문제11. 시설물의 주요 내용을 설명하시오.

답] ① 클럽하우스 : 회원들을 위한 휴식공간

② 페어웨이 : 깃대 방향으로 공이 잘 굴러가도록 유도하는 길이며, 3cm 정도의 잔디 길이, 폭 3m 이상의 잔디구역

③ 러프 : 페어웨이 양 옆에 약 5cm 이상의 잔디로, 게임의 난이도를 높이기 위한 구역

④ 벙커 : 페어웨이, 그린 주변에 난이도를 높여 주기 위한 시설물

⑤ 그린 : - 지름은 5m 타원형 크기이고

- 잔디길이 2cm 이내 또는 인조잔디로 조성하고

- 최종적으로 공을 넣는 구멍을 말하며, 이를 홀 컵이라 한다.

⑥ 워터 해저드 : 코스 내 연못 등을 이용한 인공 장애물

⑦ 스프링 쿨러 : 잔디관리를 위한 시설물로 고정식, 이동식이 있다.

문제12. 러프의 의미와 있는 이유에 대해 설명하시오.

답] 러프는 5cm 이상의 긴 풀이 있는 구역으로, 코스의 난이도를 높이기 위해 설치된
시설물

문제13. 파크골프 설치물을 설명하시오.〈기출문제〉

답] 종합안내판, 순서뽑기, 티잉 그라운드, 티 마커, 홀 표지판, 공 거치대, 안전망, OB말
뚝, OB존, 맨홀, 홀 컵, 깃대

문제14. 공 거치대에 공이 2개 있는 경우를 설명하시오.〈기출문제〉

답] 앞에 2개 조가 대기 중이며, 자신의 조는 그 다음인 3번째에 진입순서라는 의미

문제15. OB말뚝의 제원에 대해 설명하시오.

답] ① 홀마다 20~30m 간격으로 좌·우측과 그린 주변의 필요한 위치에 꽂아서 홀의 영
역을 알려주는 경계 표시물
② 백색의 원형 막대로 지름 4cm, 길이 40cm

문제16. OB Zone이란 무엇인지 설명하시오.

답] ① 코스 내의 수목, 간이시설 보호와 난이도을 부여하기 위해 만들어진 장소
② 4~5개의 OB말뚝을 꽂아두어, 공이 들어가면 경기가 불가한 구역임을 알려준다.

문제17. 설치물 중 A코스 1번 홀에서 티 샷의 순서를 정하기 위하여 사용하는 것을
무엇이라 하는지 설명하시오.

답] 순서뽑기

문제18. 티잉 그라운드란 무엇인지 설명하시오.

답] ① 홀마다 설치된 출발위치에 티 마크가 설치되어 있어 첫번째로 공을 치는 장소

② 크기는 1.5m×1.5m ~ 2.0m×2.0m로 수평

문제19. 인공 장애물과 자연 장애물을 설명하시오.

답] ① 인공 장애물 : 파크골프 시설물과 설치물

② 자연 장애물 : 나무, 조경을 위한 돌과 화단

문제20. 움직일 수 없는 장애물을 설명하시오.

답] ① 장애물 중 코스에 설치되어 있는 것으로 시설물과 설치물이며

② 또, 옮겨서 곤란한 것으로 나무 지지대, 안전망, 배수구 뚜껑, OB말뚝, 펜스, 화단
의 담장 등이 있다.

문제21. 움직일 수 있는 장애물을 설명하시오.

답] ① 장애물 중에서 돌, 나뭇잎, 낙엽, 동물의 분뇨, 벌레, 깎은 잔디 등과 같은 퇴적물
등으로

② 지면에 고정되어 있지 않은 자연물이나 모래 고르게, 우산, 깡통, 밧줄 등의 고정
되지 않은 인공 장애물이다.

문제22. 벙커의 정의에 대해 설명하시오.

답] ① 필드 일부에 모래, 잔디 등으로 구성된 곳을 벙커라고 하며, 벙커 안에서 하는 샷
을 벙커 샷이라고 하고

② 벙커 설치 이유는 페어웨이나 그린 주변의 난이도를 높이기 위해서

문제23. 벙커의 종류에 대해 설명하시오.

답] ① 크로스 벙커 : 페어웨이를 가로지르게 설치된 벙커

② 사이드 벙커 : 페어웨이를 따라 길게 만들어진 벙커

③ 그린 벙커 : 그린 주변에 설치된 벙커

문제24. 파크골프장에서 난이도를 높이기 위해 설치된 것을 설명하시오.

답] 벙커, 러프, 도그레그 홀, 워터 해저드, OB Zone, 언덕 등

문제25. 잔디길이에 따른 명칭을 설명하시오.

답] ① 페어웨이 : 잔디길이 3cm 정도, 폭 3m 이상

② 러프 : 잔디길이 5cm 이상의 긴 풀

③ 그린 : 잔디길이 2cm 이내, 또는 인조잔디

문제26. 잔디가 물을 먹었을 때 공이 나가지 않는 이유를 설명하시오. 〈기출문제〉

답] 물의 마찰계수가 잔디의 마찰계수보다 크기 때문

문제27. 수리지에 대해 설명하시오. 〈기출문제〉

답] ① 잔디를 새로 입힌구역이나 어린 묘목의 식수지 등을 보호하기 위하여 일시적으로
경기를 금지하는 구역

② 공이 안착 시 구제받을 수 있는 제한구역

③ 상단의 5cm 청색 띠 말뚝으로 표시

문제28. 수리지 말뚝과 해저드 말뚝의 규격에 대해 설명하시오.

답] ① 수리지 말뚝 : 상단에 5cm 청색으로 표시

② 해저드 말뚝 : 상단에 5cm 적색으로 표시

문제29. 경기 중 벌타없이 설치할 수 있는 코스의 비정상 상태의 지역을 설명하시오.

답] 수리지, 캐주얼 워터, 예비 홀 컵, 배수구

문제30. 홀 표지판의 규격을 설명하시오.

　답】① 40cm×30cm 내외로 지면 고정형

　　　② 코스, 홀, 기준타수, 홀 컵까지의 거리 등

문제31. 홀 컵에 대해 설명하시오.

　답】① 홀 컵은 그린의 표면 1cm 아래에 설치한 고정 설치물이고

　　　② 홀 컵의 규격은 지름이 20cm, 깊이는 10cm이며, 최종적으로 공을 넣는 원통이며

　　　③ 홀 컵의 내부 바닥은 지면과 공간이 형성되게 하여, 공이 홀인 될 때 "땡그랑" 소리가 나게 만든다.

문제32. 깃대 및 깃발의 규칙에 대해 설명하시오.

　답】① 깃대길이 2~2.5m, 직경 1.3cm, ② 깃발 40cm×30cm

문제33. 경기 중 배수구 위에 공이 올라갔을 경우, 조치방법을 설명하시오.

　답】① 배수구는 우천 시 물 빠짐을 위해 설치된 고정 장애물로, 공이 배수구 위에 안착하면 무벌타로 구제를 받고

　　　② 홀 컵과 가깝지 않게 스탠스와 스트로크를 할 수 있는 가까운 지점(클럽 헤드길이 2개 이내)에 공을 놓고 경기한다.

문제34. 파크골프에서 안전망을 설치하는 이유를 설명하시오.

　답】티잉 그라운드와 다른 홀의 그린 또는 페어웨이가 근접해 있어 경기 상호간의 안전 확보를 위해서

문제35. 도그레그 홀에서 OB처리가 되는 경우에 대해 설명하시오.

　답】① 적색 OB라인을 벗어나는 경우 OB처리가 되며,

　　　② OB처리를 한 경우, OB처리 기준에 따라 2벌타 부여 후 경기를 재개

문제36. 도그레그 홀에서 적색 OB말뚝이 설치된 경우, 샷하는 방법을 설명하시오.

　　답] 말뚝 안쪽인 페어웨이로 샷을 하여야 하며, OB말뚝 뒤쪽으로 공이 나간 경우는 OB
　　　　처리(2벌타)

**문제37. 빨간 말뚝을 설치하는 이유와 빨간 말뚝 밖으로 나갔을 때의 대처방법에 대
해 설명하시오.〈기출문제〉**

　　답] ① 도그레그 홀(개의 뒷다리처럼 좌우로 구부러진 홀)에서 난이도 및 안전상의 문제
　　　　　로 설치

　　　　② 대처방법 : OB처치 방법과 동일하게 진행

문제38. 적색 OB기둥의 뒤로 공이 통과했을 때, 조치방법에 대해 설명하시오.

　　답] OB처리를 하고 나간 지점에서 홀 컵과 가깝지 않게 2클럽 이내에서 공을 놓고 다음
　　　　을 진행

문제39. 파크골프에서 공인인증 대상을 설명하시오.

　　답] 경기 용구, 설치물, 파크골프장

문제40. 캐주얼 워터에 대해 설명하시오.

　　답] ① 갑작스런 비로 생긴 구제대상이 되는 물웅덩이이며

　　　　② 동반자의 확인을 받아 공이 정지된 지점에서 가장 가까운 구제지점에서 스트로크
　　　　　를 한다.

문제41. 캐주얼 워터의 처치 위반 시에 대해 설명하시오.

　　답] ① 캐주얼 워터에 공, 스탠스가 걸치므로 홀 컵 가까이에 공을 놓은 경우 : 2벌타

　　　　② 벙커 내 물웅덩이에 공, 스탠스가 걸쳐 있어 벙커 밖으로 꺼낸 경우: 2벌타

문제42. 워터 해저드에 대해 설명하시오.

답] ① 코스 주변에 홀 난이도를 높이기 위한 인공적인 물웅덩이

② 물에 빠져 샷을 할 수 없을 경우 : 2벌타

문제43. 워터 해저드 구역에 공이 들어간 경우에 대해 설명하시오.

답] ① 구제는 받을 수 없고

② 공이 있는 그대로의 상태로 경기를 하여야 한다.

문제44. 워터 해저드 내에서 경기가 안 될 경우에 대해 설명하시오.

답] ① 언플레이어블을 선언하고, 2벌타를 부여하여 워터 해저드 구역에 들어갔다고 예상되는 지점에서 2클럽 이내에서 홀 컵에 가깝지 않은 지점에 공을 놓고 경기를 하여야 한다.

② 물웅덩이 내에 있는 공을 들어올렸을 경우에 한하여 언플레이어블을 선언하였다고 간주한다.

③ 앞의 각 항을 위반한 경우 : 2벌타

문제45. 워터 해저드와 캐주얼 워터의 차이점을 설명하시오.〈기출문제〉

답] ① 워터 해저드 : – 코스 경관과 난이도를 높이기 위해 만들어 놓은 연못이며

– 2벌타 지역

② 캐주얼 워터 : – 비가 와서 일시적으로 생긴 물웅덩이

– 무벌타로 구제를 받을 수 있는 지역.

3) 파크골프장의 경기 종류 및 방법

문제1. 스트로크에 대해 설명하시오.

답] 공을 쳐서 움직이게 할 의사를 가지고 공을 앞 방향으로 움직이는 동작

문제2. 경기 중 타구순서는 어떻게 결정되는지 설명하시오.

답] 홀 컵을 기준으로 가장 멀리 있는 공부터 먼저 타구

문제3. 한 홀에서 최대 몇 타까지 칠 수 있는지 설명하시오.

답] 통상적으로 홀당 더블 Par만을 인정

문제4. 파크골프 라운딩 중 1번 홀에 들어가기 전에 해야 할 행동에 대해 설명하시오.

답] ① 사전에 조원을 3~4명 편성하거나 조 편성이 되지 않았을 경우, 현장에서 조 편성

② 준비운동을 하면서 몸을 풀어주고

③ 1번 홀의 공 거치대에 조장의 공 순서대로 올려놓고 대기

문제5. 티잉 그라운드에서 경기자가 해야하는 행동과 동반자가 해야하는 행동을 설명하시오.

답] ① 경기자 : 티 위에 공을 놓고, 공 뒤에서 목표지점 및 방향을 결정을 하고, 어드레스를 한 후 공을 타격

② 동반자 : 경기자의 스윙반경에서 벗어나 4~6시 방향인 안전구역에서 샷을 방해되지 않도록 조용히 대기한 후에 차례대로 샷을 진행

문제6. 페어웨이 안착 시 공을 치는 순서에 대해 설명하시오.

답] ① 깃대로부터 먼 공부터 샷을 하며, 동반자들은 샷을 하는 경기자보다 먼저 앞으로 나가지 않도록 하고

② 비슷한 위치의 공일 경우, 상호간에 순서를 정하고

③ 러프나 OB가 난 공에 대해서는 우선 배려하는 것이 좋다.

문제7. 공을 집어들지만 벌타가 부여되지 않는 경우를 설명하시오.

답] ① 공에 잔금이 있거나 갈라진 것이 보이면 경기에 부적합한 공이므로, 이것을 확인하기 위해서 경기 중에 벌타없이 자신의 공을 집을 수 있다. 이 때, 경기자는 동반

자에게 공을 확인할 의사를 밝히고 마크한 후 공을 집어야 한다.

② 동반자가 마크를 요구하여 마크했을 경우

③ 티 샷을 했으나 동반자의 공을 친 것을 알았을 경우

④ 캐주얼 워터에 공이 빠져 구제할 경우

문제8. 그린에서 볼 마킹을 해야 하는 경우를 설명하시오.

답] 홀 컵 주변에 공이 위치한 경우, 경기자의 공이 동반자 공의 이동경로에 있는 경우, 볼 마킹을 통해 방해되지 않도록 한다.

문제9. 그린에서 볼 마크의 이동순서에 대해 설명하시오.

답] 마크란 볼 마커가 퍼팅에 방해될 우려가 있어 볼 마커의 이동을 요구할 경우는 깃대 방향의 수직에서 좌·우측으로 클럽 헤드 2개길이까지 이동을 요구할 수 있다.

문제10. 파크골프 경기방식에 대해 설명하시오.

답] ① 스트로크 플레이 : 주어진 홀 전체를 라운딩한 후 가장 적은 합계 타수를 기록한 사람이 승자가 되는 경기방식

② 홀 매치 플레이 : 각 홀별로 승부를 겨루어 이긴 홀의 수가 많은 사람이 승자가 되는 경기방식

③ 샷 건 방식 : 경기 참가자들을 전체 홀에 배치한 다음, 신호(총성)에 따라 동시에 경기를 시작하는 방식

문제11. A, B, C, D코스에서 샷 건 방식으로 경기를 진행할 때, D9 홀에서 시작했다면, 다음 홀과 경기 마지막 홀에 대해 설명하시오.〈기출문제〉

답] 36홀을 모두 진행할 경우, 다음 홀은 A1홀이며, 경기 마지막 홀은 D8홀이 된다.

문제12. 샷 건 방식으로 36홀 스트로크 플레이 경기결과, A, B 선수가 동타가 되었을 경우, 백 카운트 방식에 의한 순위결정 방법을 설명하시오.〈기출문제〉

답] ① 36홀의 경우 : D코스, C코스, B코스, A코스 총타수 순으로 한다. 이와 같은 동타 시 순위결정 방식은 대회요강에 명시한다. 만약, 코스별 타수가 모두 같다면 D코 스 9번 홀부터 역순으로 1개 홀씩 타수를 비교한다.

② 18홀의 경우 : B코스의 총타수가 같다면 A코스도 같으므로, B코스의 홀별 타수를 비교한다.

문제13. 밀어내기식 방식으로 36홀 스트로크 플레이 경기결과, A, B 선수가 동타가 되었을 경우, 백 카운트 방식에 의해 순위결정 방법을 설명하시오.

답] ① 최종 코스 9개 홀의 총타수를 비교

② 최종 코스 9번 홀부터 6개 홀(4번~9번 홀)의 총타수를 비교

③ 최종 코스 9번 홀부터 3개 홀(7번~9번 홀)의 총타수를 비교

④ 9번 홀부터 역순으로 타수를 비교하여 순위를 결정

문제14. 오소 플레이에 대해 설명하시오.〈기출문제〉

답] 정지된 공의 위치를 임의로 변경시키거나 제자리에 놓지 않고, 다음 경기를 하는 행위로, 오소 플레이 시에는 2벌타가 부여된다.

문제15. 파크골프 경쟁방식 5가지를 설명하시오.

답] ① 포 볼 : 1개 조 4명이 2:2로 팀을 나누어, 4개의 공으로 경기 후, 팀별로 스코어가 좋은 1명씩 타수를 기록하여 승부를 겨루는 방식

② 쓰리 볼 : 1개 조 3명이 1:2로 팀을 나누어, 3개의 공으로 경기 후, 팀별로 스코어가 좋은 1명씩 타수를 기록하여 승부를 겨루는 방식

③ 포섬 : 1개 조 4명이 2:2로 팀을 나누어, 팀별로 1개의 공으로 순서를 바꾸면서 샷을 하여 승부를 겨루는 방식

④ 쓰리섬 : 1개 조 3명이 1:2로 팀을 나누어, 2명인 팀은 1개의 공을 번갈아 가며 샷을 하여 홀별로 승부를 겨루는 방식

⑤ 베스트 볼 : 1개 조 4명이 2:2로 팀을 나누어, 4개의 공으로 티 샷을 하고서 좋은

공 1개씩을 선택한 후, 이후 포섬방식으로 승부를 겨루는 방식

문제16. 초보자에게 포 볼과 포섬, 쓰리 볼과 쓰리섬 경기방식의 차이점을 쉽게 이해시킬 수 있는 지도방법을 설명하시오.

답] ① 둘 다 팀을 짜서 경기하는 방식이며

② 앞자리 숫자는 사람과 공의 수를 가리키며

③ 뒤 글자가 "섬"이면 공을 번갈이가면서 치는 방식이고 "볼"이면 각자의 공으로 치는 것을 의미한다.

④ 예를 들면, 포섬은 4명이 2:2로 팀을 짜서, 팀별로 공 하나를 가지고 교대로 치면서 경기하는 방식이며

⑤ 보통 홀 매치 플레이 방식을 많이 하지만 스트로크 플레이 방식으로 할 수도 있다.

문제17. 쓰리 볼과 쓰리섬의 차이를 설명하시오.

답] ① 쓰리 볼: 1개 조 3명이 1:2로 팀을 나누어, 3개의 공으로 경기 후 팀 스코어가 좋은 1명끼리 타수를 기록하며, 승부를 겨루는 방식

② 쓰리섬: 3명이 1:2로 팀을 갈라, 2명의 팀은 1개의 공을 번갈아 가며 샷을 하여 홀별로 승부를 겨루는 방식

문제18. 백 카운트 방식을 설명하시오.〈기출문제〉

답] ① 대회 시 참가선수 중 가장 적은 타수순으로 순위를 정하는데, 동타자가 2명 이상이 있는 경우, 대회요강에 명시된 코스의 타수 합산순으로 승자를 가리는 경기방식

② 동타 발생 시 후반 홀부터 점수를 거꾸로 비교해 승부를 가리는 방법이며, 18홀 경기에서 동점이면 B코스 점수를 비교하고, 그래도 같으면 9, 8, 7---홀 순으로 비교한다.

문제19. 동타 시 순위을 결정하는 방법을 설명하세요.

답] ① 서든 데스 방식

－ 동타일 경우, 연장전을 진행하여 지정 홀에서 1명이 다른 경기자보다 낮은 타수
로 컵인을 하면 승부가 결정되는 방식

－ 통상 Par3 홀에서 한번에 승부를 가리는 니어 핀 방식

② 백 카운트 방식

－ 스코어 카드 기록을 비교하여 나중에 플레이한 코스 또는 홀의 타수에서 적은 경
기자가 이긴 것으로 결정하는 경기방식

－ 경기가 A, B, C, D코스 36개 홀 경기라면 먼저 D코스 타수를 비교하고, C, B, A
코스 순으로 비교하면서 적은 타수가 승리한 것으로 결정

문제20. 볼 마커를 설명하시오.

답] 경기 도중에 공의 위치를 표시하는데 사용

문제21. 볼 마커의 사용법을 설명하시오.

답] ① 동반자의 요구 시 20m 이내 가능

② 공 뒤에 마크

③ 볼 마커가 방해될 경우, 클럽 헤드길이 2개까지 이동이 가능

문제22. 경기 중 볼 마크를 요구할 수 있는 경우와 없는 경우를 설명하시오.

답] ① 마크 요구를 할 수 있는 경우

－ 20m 이내의 동반자의 공이 방해가 될 경우

－ 경기자의 스탠스에 방해가 될 경우

－ 그린에서 경기자가 퍼트를 하는데, 방해가 될 경우

② 마크 요구를 할 수 없는 경우

－ 티 샷을 하는 경우

－ 동반자의 공이 20m 이상 떨어진 경우

－ 경기에 방해가 되지 않는 경우

문제23. 볼 마커가 없을 때, 대처방법에 대해 설명하시오.

답] 동전을 이용하거나 동반자에게 빌려서 조치

문제24. 말뚝을 맞고 페어웨이에 공이 안착한 경우, OB여부를 판단하시오.

답] ① 백색 말뚝 : OB가 아님

② 적색 말뚝 : 로컬 룰에 따라 OB로 판정

문제25. 경기 중 내가 샷을 한 공이 OB라인에 붙어 있는 경우, 조치방법을 설명하시오.

답] ① OB라인에 공이 붙어 있으면 판단이 어렵기 때문에, 동반자와 심판에게 OB여부를
판정받고

② 이 중 1명이라도 OB로 판정하면 2벌타를 부여받는다.

문제26. OB판단 순서에 대해 설명하시오.

답] ① 경기자 본인이 판단

② 동반자가 확인

③ 동반자의 의견이 다를 경우, 심판의 판정에 따른다.

문제27. 공이 멈춰있다가 공을 치려는 순간에 공이 굴러 OB가 된 경우, OB인지 설명하시오.

답] 스윙을 즉시 중지하여 스트로크를 하지 않은 것으로 간주하고, 공이 정지된 위치에
서 OB판정 후 OB처치를 진행

문제28. 홀 컵과 가깝지 않게 2클럽 이내에 대해 설명하시오.

답] 최종적으로 OB라인을 벗어난 지점에서 깃대를 보고 수직방향으로 서서, 양팔을 벌
려 좌·우측으로 2클럽 이내의 뒤쪽 반원지역을 말한다.

문제29. OB판단 기준에 대해 설명하시오.

답] ① 공이 놓인 지점에서 공의 수직 위쪽에서 내려보아, OB말뚝 외측 연장선에서 벗어난 경우 OB로 판정하고

② OB경계선 근처인 경우, 경기자 본인이 먼저 판단하고, 동반자 모두의 확인을 받아야 하며, 의견이 다른 경우에는 심판의 판정에 따른다.

③ 만약, 동반자의 확인을 받지 않고 임의로 경기를 하였을 경우는 OB로 간주하고, 그 위치가 경계선 밖이라고 확인되면 OB처치 방법 위반의 2벌타를 추가로 부여하여 총 4벌타가 된다.

문제30. OB라인과 OB말뚝이 함께 있는 장소에서 OB판정은 어떻게 하는지 설명하시오.〈기출문제〉

답] OB라인, OB말뚝 순으로 OB를 판정한다.

문제31. 긴 풀에 파묻힌 공이 자신의 공인지 식별하기 어려운 경우를 설명하시오.

답] ① 대회 중이라면 심판에게 이 상황을 알리고 볼 마커 후 식별하고

② 일상 경기 중 동반자에게 상황을 전하고 볼 마크 후 공을 식별한다.

문제32. 볼 마커의 사용방법에 대하여 설명하시오.

답] ① 첫번째 티 샷 이후 동반자의 요구 시, 티잉 그라운드 20m 이내의 공은 마크가 가능

② 깃대, 공, 볼 마커 순으로 공 바로 뒤에 가능

③ 마크한 볼 마커가 퍼팅에 방해될 경우, 클럽 헤드 2개까지 이동 가능

문제33. 그린에서 볼 마킹을 해야 하는 경우에 대해 설명하시오.

답] 홀 컵 주변에 공이 위치한 경우, 경기자의 공이 동반자 공의 이동경로에 있는 경우, 볼 마킹을 통해 방해가 되지 않도록 한다.

문제34. 그린에서 볼 마커의 이동순서에 대해 설명하시오.

답] ① 마크한 볼 마커가 퍼팅에 방해될 우려가 있어 볼 마커 이동을 요구할 경우는 깃대 방향의 수직에서 좌·우측으로 클럽 헤드 2개길이까지 이동을 요구할 수 있고

② 이럴 경우는 공 뒤에 볼 마크 〉 공을 집어들고 〉 클럽 헤드길이 1개 이동 〉 클럽 헤드길이 2개 이동의 순서를 지켜야 한다. 다시 공을 놓을 때는 역순으로 마크를 이동 후 공을 놓고 마크를 집어든다.

문제35. 가장 가까운 구제지점에 대해 설명하시오.〈기출문제〉

답] ① 배수구, 예비 홀 컵, 비정상적인 코스에 공이 놓여 있거나 분실구일 경우, 벌타없이 구제를 받을 수 있는 지점

② 여기서, 가장 가까운 구제지점은 공이 놓여 있는 곳에서부터 코스 내의 한 지점으로 부터 홀 컵에 더 가깝지 않아야 하며, 경기자가 공이 있던 원래 위치와 동일한 자세을 취할 수 있는 지점을 말한다.

4) 파크골프 용구 및 복장

문제1. 클럽은 몇 개까지 사용할 수 있는지 설명하시오.

답] 파크골프는 클럽 1개, 공 1개로 경기를 진행

문제2. 파크골프 용구규격이 존재하는 이유를 설명하시오.

답] 파크골프는 핸디캡이 없는 스포츠로 용품에서도 공정성이 존재하여야 하기 때문

문제3. 헤드 페이스와 솔의 각은 몇 도이며, 이유는 무엇인지 설명하시오.

답] 90도이며, 공을 띄워치지 못하도록 90도로 구성

문제4. 로프트에 대해 설명하시오.〈기출문제〉

답] 솔을 지면과 수직으로 놓았을 때 클럽 페이스의 경사각

문제5. 파크골프 티를 설명하시오.

답] ① 티잉 그라운드에서 처음 티 샷을 할 때 사용

② 높이는 2.3cm 이하, 재질은 고무

③ 공이 올려진 상태에서 티의 밑변에서 공 높이는 8cm 이하

문제6. 파크골프 운동에 필요한 경기자의 지참물은 무엇이 있는지 설명하시오.

답] 클럽, 공, 볼 마커, 볼 포켓, 스코어 카드, 필기구 등

문제7. 경기자의 필수용품이 아닌 것을 설명하시오.

답] 볼 파우치, 햇빛 가리개, 거리측정기, 선 글라스, 물, 다과

문제8. 파크골프 복장에 대해 설명하시오.

답] ① 골프와 동일한 복장을 착용하며, 평상적인 운동복도 가능하다.

② 남성의 경우, 폴로 스타일의 상의를 착용하며, 반바지도 가능(24년부터)

문제9. 파크골프 신발은 어떤 것을 사용해야 하며, 제한되는 것을 설명하시오.

답] ① 밑이 넓고 바닥면이 고무재질인 운동화 또는 골프화 착용을 권장

② 잔디보호 목적으로 등산화, 구두, 우천 시 장화는 금지

5) 파크골프 클럽

문제1. 파크골프 클럽의 규격기준을 설명하시오.

답] ① 전체길이 86cm, 무게 600g 이하

② 샤프트는 유리섬유와 탄소섬유 소재

③ 클럽 헤드는 목재로써 타구면은 합성수지

④ 그립은 천연고무, 합성고무, 실리콘 등

문제2. 파크골프 클럽의 구성요소를 설명하시오.

답] 그립, 샤프트, 헤드이며, 이외에 경기에 영향을 주는 부착물은 금지

문제3. 라이각과 로프트각을 설명하시오.

답] ① 라이각 : 지면과 샤프트가 이루는 각

② 로프트각 : 지면으로부터 수직선과 페이스 면과의 각

문제4. 파크골프 클럽의 재질과 무게 기준을 설명하시오.

답] 샤프트는 유리섬유, 탄소섬유 재질이며, 무게는 600g 이하

6) 파크골프 공

문제1. 파크골프 공의 지름과 무게 기준을 설명하시오.

답] 지름 6cm, 무게 80~95g 이하

문제2. 파크골프 공의 재질은 무엇인지 설명하시오.

답] 합성수지(플라스틱) 재질

문제3. 공의 표준기준에 대해 설명하시오.

답] 공의 표면은 요철없이 매끄러워야 한다.

7) 파크골프 스코어

문제1. 대회 및 평상 시 라운딩 중 스코어 카드 작성요령을 설명하시오.

답] ① 경기자는 샷을 하기 전 "이름과 타수"를 말하도록 하고.

② 평상시 라운딩 조원들끼리의 스코어 기록은 아라비안 숫자만 사용하여 기록하며,

③ 대회 중 경기요원이 기록할 때는 바를 정 "正"자를 경기자 매 타수 1획씩 기록하며, 컵인 이후 "正"자를 보고 아라비아 숫자로 최종적으로 기록하여야 하고

④ 평상 시 라운딩 중에는 전원 모두가 기록하는 것을 원칙으로 하나, 편의상 동반자 1명이 구성원 4명의 스코어를 기록하는 경우, 홀마다 타수 기록상황을 상호 확인하여야 하고

⑤ 1개의 코스가 끝나고 다음 코스로 진행될 때, 누계 타수가 가장 적은 경기자가 오너가 된다.

문제2. 경기자가 특정 홀의 타수와 타수의 합산을 실제타수보다 적게 기록하여 제출하면, 어떻게 되는지 설명하시오.

답] 해당 조원을 경기실격으로 처리

문제3. Par보다 적은 타수에 대해 설명하시오.〈기출문제〉

답] ① 버디 : 기준타수보다 1타 적게 컵인

② 이글 : 기준타수보다 2타 적게 컵인

③ 알바트로스 : 기준타수보다 3타 적게 컵인

④ 콘도르 : 기준타수보다 4타 적게 컵인

⑤ 홀 인 원 : 티 샷을 하여 1타로 컵인

문제4. Par보다 많은 타수에 대해 설명하시오.

답] ① 보기 : 기준타수보다 1타 많게 컵인

② 더블 보기 : 기준타수보다 2타 많게 컵인

③ 트리플 보기 : 기준타수보다 3타 많게 컵인

④ 쿼드러플 보기 : 기준타수보다 4타 많게 컵인

⑤ 더블 Par : 기준타수보다 2배 많게 컵인

6.2 파크골프 실기 및 지도

1) 파크골프 그립

문제1. 파크골프 그립잡는 순서를 설명하시오.

답] ① 왼손 손가락 3개를 이용하여 잡으며, 그립 끝단 1cm 정도를 남기고

② 왼손의 엄지를 클럽 헤드 방향으로 그립을 눌러주는 스퀘어 그립으로 잡고

③ 오른손은 3가지 그립방법 중 자신에게 편한 그립을 선택하여 감싸주도록 한다.

문제2. 그립의 중요성에 대해 설명하시오.〈기출문제〉

답] 클럽과 경기자의 몸을 연결하는 역할을 담당하기 때문에, 그립을 어떻게 잡느냐에 따라 스윙의 궤도모양 등이 달라지기 때문에 중요하다.

문제3. 파크골프 그립의 종류와 각각의 장점을 설명하시오.

답] ① 오버래핑 그립

　　– 가장 많이 사용하는 그립으로

　　– 양손의 일체감을 유지시키고 클럽 헤드의 움직임이 좋은 그립

② 인터록킹 그립

　　– 손의 일체감이 좋아 그립을 단단히 잡을 수 있는 장점이 있다.

　　– 손이 작거나 힘이 없는 사람에게 권장

　　– 클럽 헤드의 움직임이 둔해지는 그립

③ 베이스볼 그립

– 공에 힘을 전달하기 쉬우나

– 양손의 악력 차이를 유지하고, 일치시켜야 하는 그립

문제4. 파크골프 왼손 그립의 종류를 설명하시오.

답] ① 스퀘어 그립 :

– 가장 많이 사용하는 그립이며

– 왼손 엄지가 클럽 헤드 방향으로 그립을 누르며

– 왼손 손등의 마디가 1~2개 정도 보이게 한다.

② 스트롱 그립 :

– 일명, 훅 그립으로 슬라이스를 방지하기 위한 그립

– 왼손 손등의 마디가 많이 보이게 한다.

③ 위크 그립 :

– 슬라이스 그립으로 훅을 방지하기 위한 그립

– 왼손 손바닥이 보이게 한다.

2) 파크골프 스탠스

문제1. 스퀘어 스탠스를 설명하시오.

답] 가장 보편적인 스탠스로, 양발이 같은 위치에서 11자형의 상태

문제2. 오픈 스탠스를 설명하시오.

답] 왼발이 뒤쪽으로 발길이 반만큼 열려 있는 상태

문제3. 클로즈 스탠스를 설명하시오.

답] 왼발이 앞쪽으로 발길이 반만큼 나가 닫혀 있는 상태

문제4. 파크골프 스탠스의 종류를 설명하시오.

　답] ① 스퀘어 스탠스 : 표준형으로 양발이 동일한 위치로 11자형의 상태

　　　② 오픈 스탠스 : 왼발이 뒤쪽으로 발길이 반만큼 쳐져 열려 있는 상태

　　　③ 클로즈 스탠스 : 왼발이 앞쪽으로 발길이 반만큼 나가 닫혀 있는 상태

　　　　* 양발의 간격 : – 어깨넓이 기준으로

　　　　　　　　　　　 – 필요에 따라 좁게 하거나 넓게 유지할 수 있다.

3) 파크골프 스윙

문제1. 올바른 어드레스의 특징을 설명하시오.

　답] ① 스윙하기 전 두 발 사이의 폭을 정하고, 클럽은 필드에 대어 공을 목표로 향해 겨누
　　　　는 자세

　　　② 오른쪽 어깨가 왼쪽보다 약간 처진상태로, 양팔을 아래로 펴 3각형 모양을 유지하고

　　　③ 그립 끝은 배꼽을 향하며 옆에서 봤을 때 등을 곧게 편 자세로

　　　④ 고개는 약간 들려 있어야 한다.

문제2. 파크골프 스윙을 설명하시오.

　답] 클럽을 뒷쪽으로 백 스윙해서 목표방향으로 폴로 스루하는 동작

문제3. 파크골프 스윙동작을 분류하고, 각 동작에 대해 설명하시오.

　답] ① 테이크 백 : 클럽을 3시 방향으로 낮게 천천히 이동

　　　② 백 스윙 정점 : 선택한 스윙 크기 정점에서 1초 정도 멈추며

　　　③ 다운 스윙 : 양팔은 3각형을 유지하고, 클럽 헤드는 공을 향하고

　　　④ 임팩트 : 양발은 지면에 고정하고, 시선은 공에 두고 공을 가격하고

　　　⑤ 폴로 스루 : 공을 친 후, 헤드가 목표방향으로 나가는 단계이며

　　　⑥ 피니쉬 : 스윙의 마무리 동작으로 양팔을 쭉 펴서 멈춘다.

문제4. 스윙과 스트로크를 설명하시오.〈기출문제〉

답] ① 스윙 : 클럽을 뒤쪽으로 백 스윙하여 목표방향으로 폴로 스루를 하는 동작

② 스트로크 : 공을 쳐서 움직이게 할 의사를 가지고 공을 앞 방향으로 움직이는 동작

문제5. 백 스윙 정점(Top of back swing)에 대해 설명하시오.〈기출문제〉

답] ① 백 스윙 정점

백 스윙 정점의 동작은 오른쪽 다리와 골반을 준비자세 때와 같이 유지하고, 오른발에 체중을 70% 이상 실어주어야 한다.

② 백 스윙 정점에서 요령

- 백 스윙의 정점에서 잠깐(1초 정도) 멈추면 백 스윙과 다운 스윙의 동작이 분리되면서 스윙 전체의 템포가 좋아지며

- 백 스윙 정점에서 피니쉬까지 완벽한 스윙동작을 위하여 양쪽 무릎의 균형을 유지할 때, 공을 정확하게 임팩트할 수 있다.

- 파워 스윙은 오른손 엄지와 검지로 클럽 헤드의 무게를 느끼며, 백 스윙 정점에서 다운 스윙을 시작할 때에 클럽 헤드의 무게를 이용하여야 한다.

문제6. 교육생이 슬라이스와 훅이 났을 경우, 정의와 지도방법에 대해 설명하시오. 〈기출문제〉

답] ① 슬라이스

- 목표지점으로 공이 날아가다가 오른쪽으로 공이 휘는 현상(오른손잡이 기준)

- 한손잡기 그립을 스트롱 그립으로 바꿔준 후에도 슬라이스가 난다면 오픈 스탠스로 교정

② 훅

- 목표지점으로 공이 날아가다가 왼쪽으로 공이 휘는 현상(오른손잡이 기준)

- 한손잡기 그립을 위크 그립으로 바꿔준 후에도 훅이 난다면 클로즈 스탠스로 교정

문제7. 스트롱 그립을 잡는 방법에 대해 설명하시오.

답] 슬라이스 방지를 위한 그립으로 왼손 주먹마디 3개가 보이게 잡는 방법을 말한다.

문제8. 파크골프의 스윙 크기에 대해 설명하시오〈기출문제〉

답] ① 1/4 스윙 : 비거리 30m 내외, 백 스윙 정점에서 그립을 잡은 양손은 우측 무릎 20cm 밖까지, 좌·우측 체중은 50:50

② 2/4 스윙 : 비거리는 40m 내외, 백 스윙 정점에서 그립을 잡은 양손은 우측 옆구리, 좌·우측 체중은 45:55

③ 3/4 스윙 : 비거리 50m 내외, 백 스윙 정점에서 그립을 잡은 양손은 우측 어깨, 좌·우측 체중은 40:60

④ 풀 스윙 : 비거리 60m 이상, 백 스윙 정점에서 그립을 잡은 양손은 어깨와 머리 사이, 좌·우측 체중은 30:70

문제9. 스윙 시 주의사항에 대해 설명하시오.

답] ① 목표 확인

② 어드레스 확인

③ 백 스윙은 크지 않도록(어깨넓이 정도로)

④ 볼에서 눈을 떼지 않는다.(특히, 임팩트 시)

⑤ 폴로 스루는 클럽 페이스가 목표방향을 바라보게 하고, 너무 큰 폴로 스루는 하지 않아도 된다.

문제10. 폴로 스루에 대해 설명하시오.

답] 채로 공을 임팩트한 후 공이 나아갈 지점으로 팔을 쭉 뻗어주는 것으로 양팔을 3각형으로 유지하는 것이 중요

문제11. 파크골프 샷의 절차를 설명하시오.

답] ① 그립잡기   ② 스탠스 취하기

③ 목표방향 선정   ④ 몸의 정렬

⑤ 어드레스   ⑥ 스윙

⑦ 퍼팅

문제12. 교육생의 파크골프 실력을 높이는 방법에 대해 설명하시오. 〈기출문제〉

답] ① 기본적인 스탠스와 그립, 스윙 방법을 알려준 후, 교육생의 신체조건에 맞게 자세를 교정하고

② 임팩트를 잘 하기 위해 공과 클럽 헤드의 중앙표시를 일직선으로 맞추어 스윙 스폿에 공이 잘 맞을 수 있도록 한다.

4) 파크골프 샷의 종류

문제1. 티 샷을 위한 티잉 그라운드 행동요령을 설명하시오.

답] ① 앞 조가 홀 아웃하면 티잉 그라운드로 가서 홀 표지판을 보고, 홀의 크기와 타수를 확인하고

② 이후, 티 위에 공을 올리고, 몸을 정렬하고 어드레스 하여 샷을 한다.

문제2. 티 샷 순서를 정하는 방법과 티 샷 이후 경기순서에 대해 설명하시오. 〈기출문제〉

답] ① 순서를 정하는 방법은 순서뽑기, 가위바위보, 스코어 기록 순

② 2번 홀부터는 전 홀의 저타 순, 동타 시 앞 홀 순서대로 티 샷 후 2번째부터 깃대에서 먼 동반자부터 샷을 한다.

문제3. 한번 더 티 샷을 할 수 있는 상황을 설명하시오.

답] 공에 금이 가거나 공이 2개로 분리된 상황

문제4. 파크골프 샷의 종류에 대해 설명하시오.

답] ① 티 샷 : 티잉 그라운드에서 티 위에 공을 놓고 첫번째 치는 샷

② 어프로치 샷 : 티 샷 이후, 그린 주변에서 페어웨이 등에서 깃대를 향해 치는 샷

③ 벙커 샷 : 벙커에 공이 놓여 있을 경우에 치는 샷

④ 러프 샷 : 깊은 러프로 정상적인 샷이 어려운 경우에 치는 샷

⑤ 로브 샷 : 앞쪽의 장애물, 해저드를 넘겨야 할 경우에 치는 샷

문제5. 티 샷의 의미, 순서 정하기, 벌타상황을 설명하시오.

답] ① 의미 : 매홀 티잉 그라운드에서 첫번째로 치는 샷

② 순서 정하기 : – 라운딩 첫 홀은 순서뽑기 및 가위바위보로 정하고

– 이후에는 전 홀을 저타수 순으로 결정하며

– 만약, 전 홀이 동일했다면 그 이전 홀 순서대로 진행

③ 벌타상황 : – 티에 놓지 않고 샷을 한 경우

– 발꿈치가 티잉 그라운드에서 벗어난 경우

– 티 샷의 방향성 개선을 위한 표시물을 설치하는 경우

– 스윙 후 공이 티잉 그라운드 뒤로 나간 경우

문제6. 티 샷한 공이 티잉 그라운드 뒤로 공이 갔을 경우, 처치방법에 대해 설명하시오.〈기출문제〉

답] OB처리

문제7. 티잉 그라운드에서 경기자가 확인해야 할 사항에 대해 설명하시오. 〈기출문제〉

답] ① 스윙 시 동반자가 다치지 않도록 안전거리를 확보

② 해당 홀에서 앞 팀의 홀 아웃 여부를 파악

③ 홀 표지판을 확인하여 홀 길이, 깃대의 위치를 파악

④ 티 마커 앞으로 티가 나오지 않도록 확인(이를 위반 시 2벌타 부여)

문제8. 티잉 그라운드에서 샷을 했을 때, 공이 티잉 그라운드 뒤로 떨어졌고, 이후 2 타만에 홀 아웃을 했다 그렇다면 총 몇 타인지 설명하시오.

답] 첫 타 + 후면 OB 2벌타 + 2타 = 5타

문제9. 코킹에 대해 설명하시오.〈기출문제〉

답] ① 백 스윙을 할 때 손목을 90도로 꺾는 동작으로

② 힘을 축적하여 비거리를 내기 위한 행위 중 하나

문제10. 비거리를 증대할 수 있는 방법에 대해 설명하시오.

답] ① 폴로 스루를 길게 가져간다

② 스윙의 크기를 크게 한다

③ 팔이 아닌 허리의 힘으로 타격한다.

문제11. 비거리 내는 샷의 지도방법을 설명하시오.

답] ① 적용 시기는 Par4, Par5 홀에서 비거리를 더 내려 할 경우이고

② 공은 왼발 상단 10~20cm 외측, 클럽은 최대한 길게 잡고,

백 스윙 크기를 최대로 하고, 왼손 손목을 코킹한다.

③ 왼손으로 클럽을 공 방향으로 잡아당기고 코킹을 유지하며,

임팩트 순간에 코킹을 풀어 헤드 스피드를 빠르게 한다.

④ 폴로 스루는 클럽이 목표방향을 향하게 하고, 등 뒤로 넘기는 풀 스윙을 한다.

⑤ 이 때, 체중을 왼발쪽으로 이동하여 왼발에 벽을 만든다.

문제12. 페어웨이 안착 시 공을 치는 순서에 대해 설명하시오.

답] ① 깃대로 부터 먼 공부터 샷

② 동반자는 샷을 하는 경기자보다 먼저 앞으로 나가지 않도록 한다.

③ 비슷한 위치의 공일 경우, 상호간에 순서를 정한다.

④ 러프나 OB가 난 공에 대해서는 우선적으로 배려한다.

문제13. 어프로치 샷의 의미, 순서 정하기, 벌타상황을 설명하시오.

답] ① 의미 : 티 샷 이후 그린으로 접근시키는 샷

② 순서 : – 깃대에서 먼 공부터 샷을 하고

– 동반자는 안전거리와 각도를 유지하여 경기에 방해되지 않도록 위치한다.

③ 벌타상황 : – 공 주위 라이를 개선한 경우

– 몸으로 안전망을 밀어내고 샷을 한 경우

– 백 스윙없이 잡아당기는 경우

– 퍼올리기 또는 밀어내는 샷을 한 경우

문제14. 어프로치 샷을 설명하시오.

답] 그린 주변이나 페어웨이에서 깃대를 향해 치는 샷으로, 공의 위치는 스윙의 가장 낮은 지점인 양발의 가운데에 놓고 샷을 한다.

문제15. 벙커 샷의 의미, 벌타상황을 설명하시오.

답] ① 의미 : 페어웨이, 그린지역 일부에 모래, 잔디 등을 구성하여 난이도를 높인 곳을 벙커라고 하며, 벙커에서 이루어지는 샷을 벙커 샷이라고 한다.

② 벌타상황 : – 벙커에서 공 주변의 모래를 정리하는 행위

– 백 스윙없이 공을 밀어내거나 당겨치는 경우

– 벙커 샷 후 공이 자신의 몸에 맞은 경우

– 클럽 헤드가 아닌 샤프트나 그립 끝으로 공을 친 경우

– 모래에 묻혀 있는 공을 치기 쉽도록 모래를 누르는 경우

문제16. 러프 샷을 설명하시오.

답] ① 길이가 5cm 이상되는 러프에 공이 빠졌을 때 치는 탈출 샷이며

② 공의 위치는 오른발 바깥에 두고, 10~20cm 더 왼쪽으로 서서 공의 뒤통수를 찍어치며, 폴로 스루는 생략

문제17. 깊은 러프에 공이 있을 때 탈출방법에 대해 설명하시오.

답] 공을 찍어치는 형태로 펀치 샷을 구사하여 탈출이 가능

문제18. 로브 샷에 대해 설명하시오.

답] 지면에 장애물이 많거나 물이 있는 등의 상황에서 공을 띄워 장애물을 피하기 위한 샷을 의미

문제19. 공 띄우는 샷에 대해 설명하시오

답] ① 적용시기는 전방의 장애물, 해저드를 넘겨야 할 경우

② 어드레스는 오픈 스탠스로 서서, 공을 왼발 좌측에 놓고

③ 클럽을 짧게 잡고 백 스윙을 가파르게 들어올려 스윙하며, 임팩트 시에 클럽 페이스가 하늘방향으로 열려서 맞게 한다.

④ 이 때, 몸의 중심은 오른발쪽에 둔다.

문제20. 펀치 샷에 대해 설명하시오.

답] 공을 찍어치는 형태로 치면 공이 날아가며, 긴 풀에서 러프 샷을 할 때 사용

문제21. 공이 안전망 옆에 붙어서 백 스윙이 어려운 경우, 사용할 수 있는 탈출 샷을 설명하시오.

답] ① 공을 양발 사이 중앙의 앞쪽에 놓고, 발에 공이 닿지 않도록 양발을 넓게 벌려서 보내고자 하는 방향과 수직이 되도록 선 뒤 짧게 쥔 클럽을 수직으로 들어 올렸다가 공을 찍어친다.

② 이외에, 옆으로 비켜서서 클럽 헤드의 뒷면 각진 부위로 찍어치는 탈출 샷도 있다.

문제22. 안전망에 공이 박혔을 때, 공을 꺼내는 샷을 지도하는 방법에 대해 설명하시오.〈기출문제〉

답] 스탠스를 좁게 서서 손목을 활용하여, 클럽 헤드나 헤드 뒷면으로 백 스윙 후 공을

찍어쳐서 꺼내도록 지도

문제23. 공이 안전망에 박혀 백 스윙없이 밀어내는 샷으로 탈출했을 경우, 진행방법에 대해 설명하시오.

답] 백 스윙없는 샷으로 2벌타를 부여받고, 마지막으로 공이 멈춘지점에서 경기를 진행

문제24. 레이업에 대해 설명하시오.

답] 공이 안전망이나 나무 등에 가려져 정상적인 샷이 불가능할 때, 한 손으로 백 스윙 밑 공을 굴려 탈출하는 샷

문제25. 펀치 샷, 트러블 샷, 레이업에 대해 설명하시오.〈기출문제〉

답] ① 펀치 샷 : 공 뒤를 찍으며, 폴로 스루를 생략하는 샷

② 트러블 샷 : 치기 어려운 상태에 놓여 있는 공을 안전하게 꺼내는 샷

③ 레이업 : 치기 어려운 공을 짧게 옆으로 빼내어, 다음 샷을 위하여 좋은 위치로 보내는 샷

문제26. 퍼팅의 의미, 주의사항, 벌타상황을 설명하시오.

답] ① 의미 : 그린 위에서 홀 컵에 넣기 위한 샷이며

② 주의사항 : – 퍼팅은 반드시 클럽 헤드로 해야 하고

– 모든 경기자가 반드시 홀 아웃을 하고

– 홀 깃대가 있는 상황에서 퍼팅을 해야 한다.

③ 벌타상황 : – 깃대를 뽑고 퍼팅한 경우

– 퍼팅 라인을 누른 후 퍼팅한 경우

– 동반자의 공이 굴러가고 있는데, 샷을 하여 공을 맞춘 경우

– 상대방 요구없이 홀 컵에서 2클럽 이상 떨어진 곳에 공을 마크

– 어드레스 후 공이 움직일 때, 클럽이나 몸으로 공을 막는 경우

문제27. 퍼팅 그립을 잡는 방법에 대해 설명하시오.

답] ① 리버스 오버래핑 그립 :

- 파크 골퍼들이 가장 많이 취하는 전통적인 그립

- 오른손이 아래로 가고, 양손 엄지를 클럽 헤드 방향으로 일자형이 되게 하여 그립을 누르고, 왼손 검지를 오른손 약지 위에 감싸는 그립

- 이 때, 그립의 종류 3가지(오버래핑 그립, 인터록킹 그립, 베이스볼 그립) 중에 편한 그립을 선택하여도 된다.

② 퍼팅 그립 잡는 방법

a. 오른손 손바닥으로 클럽 그립을 감싸쥐고, 엄지는 클럽 헤드 방향으로 그립을 눌러준다.

b. 왼손 손바닥으로 오른손으로 잡은 그립을 감싸주며, 엄지는 클럽 헤드방향으로 그립을 눌러주고, 검지를 오른손 약지 위를 감싸준다.

c. 왼손 손등과 오른손 손바닥이 목표방향을 향하도록 한다. 이 때, 왼손 손목이 꺽이지 않도록 유의한다.

문제28. 퍼팅자세에 대해 설명하시오.

답] ① 스퀘어 스탠스로 양발은 어깨넓이, 양발 끝의 가상선이며,

② 퍼팅 라인과 평행선, 오른쪽 어깨가 처진 5각형을 형성하고,

③ 양 팔꿈치를 옆구리에 붙이고, 왼손 손목각도를 유지하면서 클럽 헤드 중앙에 공을 맞추고, 백 스윙보다 폴로 스루는 약간 크게 한다.

문제29. 퍼팅 요령에 대해 설명하시오.

답] ① 공 뒤에서 라이를 고려해서 퍼팅 라인을 선정한다.

② 퍼팅 라인에 양발의 발끝 가상선을 평행하게 위치한다.

③ 공의 위치는 왼쪽 눈의 수직 아래에 놓는다.

④ 테이크 백은 낮게 천천히 하며, 폴로 스루는 백 스윙의 크기보다 약간 크게 홀 컵 방향으로 한다.

⑤ 이 때, 왼손 손목이 꺾이지 않도록 유의하며, 시선은 공 위치에 두고, 귀로 공이 홀 컵에 떨어지는 소리를 듣는다.

⑥ 라이를 읽는 요령은 깃대의 반대쪽에서 보는 것도 좋다.

⑦ 내리막 퍼팅은 목표점을 홀 컵 바로 앞에 두고 경사를 따라 굴려서 홀 컵에 공을 넣는다.

⑧ 오르막 퍼팅은 목표점을 홀 컵 뒤에 두고, 깃대를 맞혀서 홀 컵에 넣는다.

⑨ 퍼팅은 고도의 집중이 요구되므로 스윙 중에는 호흡을 멈추는 것이 좋다.

⑩ 자신의 체형에 맞는 퍼팅 그립자세, 퍼팅 스윙요령을 터득하도록 한다.

문제30. 퍼팅 시 주의사항에 대해 설명하시오.

답] ① 퍼팅은 반드시 클럽 헤드로 하여야 한다.

② 모든 경기자는 반드시 홀 아웃하여야 한다. OK는 안 된다.

③ 홀 깃대가 있는 상황에서 퍼팅하여야 한다.

④ 퍼팅 시 공의 위치는 오른손잡이일 경우, 왼쪽 눈의 수직 아래

⑤ 손목과 어깨의 움직임 및 헤드업을 최소화

문제31. 그린에서 2벌타 상황에 대해 설명하시오.

답] ① 깃대를 뽑고 퍼팅한 경우

② 퍼팅 라인을 수정한 후 퍼팅한 경우

③ 동반자의 요구없이 홀 컵에서 2클럽 이상 떨어진 공을 마크한 경우

④ 어드레스 중에 움직이는 공을 클럽 또는 몸으로 막았을 경우

⑤ 공 마커가 동반자의 경기에 방해가 될 경우 :

– 클럽 헤드 2개 길이만큼 좌·우로 옮길 수 있으나 이 때, 공 마커를 이동하는 순서와 원위치 순서를 위반한 경우

– 공을 집어들고, 그 후에 마크한 경우

– 홀 컵과 가까운 공의 옆이나 앞쪽에 마크를 한 경우

⑥ 마크 요구가 없는데, 공을 임의로 집어올려 이물질을 제거한 경우

⑦ 공 마커를 좌·우로 이동한 후 원위치하지 않고 퍼팅한 경우

⑧ 홀 컵에 가까이 있는 공을 무의식적으로 집어올린 경우

6.3 파크골프 에티켓과 매너, 안전관리

1) 에티켓

문제1. 경기 중 지켜야 할 기본 에티켓을 설명하시오.

답] ① 어드레스 시 동반자는 안전거리와 4~6시 방향에 위치를 유지

② 샷 성공 시 굿 샷 등, 격려의 말을 전하기

문제2. 코스 내에서 지켜야 할 에티켓을 설명하시오.

답] ① 소란금지

② 그린 위에서 동반자의 퍼팅 라인을 밟지않기

③ 샷을 하기 전에 이름과 타수를 말하기

④ 신속한 이동

⑤ 파크골프 용어를 상황에 맞게 사용하기

문제3. 경기지연을 방지하기 위하여 지켜야 할 에티켓을 설명하시오.

답] ① 앞 조와 속도를 맞추는 것은 해당 조 전원의 책임으로, 경기자들은 샷을 한 다음에
는 약간 빠르게 이동하여 다음 경기를 준비한다.

② 1개 홀이 비어있지만 지연되는 경우, 후속 조가 먼저 경기할 수 있게 양보한다.

③ 러프에서 공을 찾을 경우, 3분 이상 지체해서는 안 된다.

④ 임의로 비어있는 홀에 진입해선 안 된다.

문제4. 다른 경기자가 에티켓을 위반했을 경우, 조치방법을 설명하시오.

답] ① 경기자가 에티켓을 준수하지 않아 벌타를 부여받는 때는 없으나 에티켓을 준수하게 되면 더 즐거운 경기를 할 수 있다.

② 경기자가 중대한 에티켓을 위반하면 대회본부에서 퇴장조치, 또는 경기를 실격시킬 수 있다.

③ 또한, 경기자가 규정을 무시하고 다른 경기자에게 손해를 끼친다면, 대회본부는 경기중지, 퇴장조치 등 적절한 조치를 할 수 있으며, 중대한 위반을 한 경우는 스포츠공정위원회에 제소한다.

문제5. 파크골프 에티켓 제2조 안전확인에 대해 설명하시오.

답] ① 경기자는 스윙 전에 스윙반경 내에 다른 경기자가 근접해 있는가를 확인하고, 안전거리를 확보하여야 한다.

② 먼저 나간 동반자가 있는 상태에서는 공을 쳐서는 안 된다.

③ 동반자 전원이 샷을 끝낼 때까지 먼저 앞으로 나가서는 안 된다

④ 경기자는 잘못 친 공 때문에 타인이 공 맞을 위험이 있는 경우, 큰소리로 경고해야 한다.

⑤ 다른 홀로 공이 넘어가서 회수하러 가는 경우는 그 홀의 경기진행 여부를 사전에 확인하고 진입해야 한다.

문제6. 파크골프 에티켓 제5조 코스보호 5개 항목을 설명하시오.

답] ① 잔디보호를 위해 운동화나 골프화를 착용하고, 잔디에 손상을 줄 수 있는 등산화나 구두, 부츠 등은 착용해선 안 된다.

② 샷으로 인해 잔디가 손상되지 않도록 주의한다.

③ 샷으로 인해 잔디가 파였을 경우, 잔디를 보수해야 한다.

④ 코스 내에서는 금연하고 껌과 침을 뱉는 행위를 금한다.

⑤ 음식물 쓰레기는 버리지 말고, 다시 가져간다.

문제7. 퍼팅 시 그린에서 지켜야 할 에티겟에 대해 설명하시오.

답] ① 경기자는 동반자의 퍼팅 라인을 밟지 않도록 주의하고

② 경기자가 퍼팅을 할 경우, 동반자가 움직이거나 경기자의 퍼팅 라인에 동반자의 그림자을 만들면 안 되고

③ 조원 모두가 컵인으로 홀 아웃할 때까지 그린 주변에 남아 있어야 한다.

문제8. 스코어를 기록할 때 지켜야 할 에티켓에 대해 설명하시오.

답] ① 컵인이 되면 자신의 타수를 동반자에게 알려주며, 조원 모두가 퍼팅이 끝나면 신속히 다음 홀로 이동해, 다음 홀에서 스코어 카드을 기록하고

② 경기자는 샷을 하기 전에 이름과 타수을 말하며, 타수기록에 착오가 없도록 한다.

문제9. 샷의 순서를 지키지 않았을 때, 처리와 예외 규정에 대해 설명하시오.〈기출문제〉

답] ① 샷 순서를 지키지 않는 것은 에티켓 위반으로 무벌타로서 동반자에게 사과하고, 다음 경기를 진행

② 포섬경기에서는 해당 팀에게 2벌타를 부여

2) 매너

문제1. 코스 내에서 지켜야 할 좋은 매너를 설명하시오.〈기출문제〉

답] ① 적합한 복장과 필수용구를 휴대하는 행위

② 티 샷 후 티를 원위치 해주는 행위

③ 경기자의 샷을 보고 "굿 샷", "나이스 샷" 등으로 격려하는 행위

④ 분실된 공을 동반자 모두가 찾아주는 행위

⑤ 컵인된 동반자의 공을 꺼내주는 행위

문제2. 파크골프의 나쁜 매너를 설명하시오.

> 답] ① 공 마커가 없어 낙엽 등으로 마크하는 행위
>
> ② OB발생 시 먼저 이동하여 공을 발로 밀어넣고, OB가 아니라고 속이는 행위
>
> ③ 실제 타수보다 적게 기록하려고 속이는 행위
>
> ④ 숏 퍼팅 시 한손으로 퍼팅하는 행위
>
> ⑤ 동반자의 스윙자세를 지적하거나 지도하는 행위
>
> ⑥ 티 샷 하기 전, 2회 이상 연습스윙을 하는 경우
>
> ⑦ 경기자가 마크를 요구하였는데 불응하는 경우

문제3. 파크골프를 칠 때 코스 내에서 지켜야 할 에티켓과 매너를 설명하시오.

> 답] ① 홀 아웃을 하면 그린 위에서 스코어를 기록하지 않고, 다음 홀로 이동하여 기록하고
>
> ② 코스 내에서 흡연은 금지하며, 코스를 훼손하지 않도록 해야 한다.
>
> ③ 동반자의 퍼팅 라인을 밟지 않도록 주의하고
>
> ④ 홀과 아주 가까운 거리의 퍼팅도 양손의 그립으로 시도하고
>
> ⑤ 홀을 빠져나갈 때에는 다음 조에게 손을 흔들어 알려준다.
>
> ⑥ 경기 중에는 앞 조와의 간격을 유지하면서 경기를 진행하고
>
> ⑦ 미스 샷이나 컵인이 안 되는 경우에 화풀이를 하지않기
>
> ⑧ 운동에 필요한 복장을 착용하기

문제4. 경기자의 책임 3가지(용구, 스코어, 지연경기)를 설명하시오.

> 답] ① 용구의 관리책임은 경기자 자신에게 있고, 경기자는 자신의 용구에 식별 마크를 표시해 두고.
>
> ② 경기자는 홀 아웃 시마다 동반자 상호간의 타수를 확인하고, 경기자 각자가 자신의 스코어 카드에 동반자 전원의 타수를 기록하며
>
> ③ 경기자는 경기속도를 고의로 지연시켜서는 안 되며, 대회본부가 경기속도에 대한 가이드 라인을 정해 두었을 경우, 그에 따라 경기는 진행하지만 앞 조와의 간격이 2개 홀 이상으로 벌어졌을 때 조원에게 2벌타를 부여한다.

문제5. 동반자에게 마크를 요구하였으나 상대가 불응한 경우, 어떻게 되는지 설명하시오.

답] 매너 위반처분

3) 안전관리

문제1. 파크골프를 칠 때, 안전수칙의 준수에 대해 설명하시오.

답] ① 동반자가 샷을 할 때는 안전거리 및 위치를 준수

② 목표방향쪽에 동반자가 위치한 경우는 샷을 금지

③ 공이 크게 벗어날 경우, 주변 사람에게 큰소리로 알리고

④ 경기 전에 충분한 스트레칭을 하고

⑤ 코스 내에서는 연습 스윙을 금지

⑥ 무리한 스윙을 금지

⑦ 앞 조가 홀 아웃을 하지 않았을 경우에는 티 샷을 금지

문제2. Par3 홀에서 앞 조가 홀 아웃하기 전에 티 샷을 금지하는 이유를 설명하시오. 〈기출문제〉

답] Par3 홀의 경우, 홀의 길이가 짧아서 앞 조의 팀이 공을 맞을 위험이 있기 때문에, 안전을 위하여 앞 팀이 홀 아웃한 후에 뒷 팀이 경기를 진행해야 한다.

문제3. 파크골프 안전수칙에 대해 설명하시오. 〈기출문제〉

답] ① 초보자는 안전을 위해 지도자에게 교육을 받고 파크골프장을 사용

② 운동 전 준비운동, 운동 후 정리운동을 실시

③ 무리한 스윙을 할 때는 주의

④ 경기자의 스윙 위험반경에서 벗어나 동반자는 4~6시 방향에 위치

⑤ 동반자는 경기자의 샷을 방해하여서는 안 된다.

⑥ 경기자는 샷을 한 후, 미리 앞으로 나가지 않는다.

⑦ 샷을 할 때마다 전방과 주변에 사람 유무를 확인

⑧ OB난 공을 찾기 위해 다른 홀에 진입 시 해당 홀의 경기자의 경기 유무를 확인하고 진입

⑨ 코스 내에서 공을 치는 연습 스트로크는 금지

⑩ 샷을 잘못하여 사람에게 공이 날아갈 때는 큰소리로 경고

문제4. 파크골프 안전조치에 대해 설명하시오.

답] ① 파크골프장 관리자

- 안전시설을 수시로 점검하여 안전조치를 시행한다.

- 골프장 입구에 안전수칙을 게시하고, 교육과 안내방송을 한다.

- 단체 상해보험을 가입한다.

② 경기자

- 경기 중 안전위험 요소를 발견 시 관리자에게 즉시 통보한다.

- 타박상 발생 시 경기를 중지하고 쉼터로 이동해 냉찜질로 응급조치

- 무더위로 어지럼, 구토증상 시 그늘로 이동하여 안전을 취하고, 심할 때는 119로 신고

- 의식이 없는 응급환자 발생 시 심폐소생술을 실시하면서 즉시 119로 신고한다.

③ 대회본부

- 경기자가 사용하는 클럽, 공, 티를 경기 개시 전에 공인 여부를 검사한다.

- 경기기간 중에 발생할 수 있는 안전 저해요소를 확인 및 제거조치를 한다.

문제5. 경기 중 비상상황에 대해 설명하시오.

답] ① 응급상황 시에는 심폐소생술(CPR)을 시행

② 샷을 할 때는 반드시 목표방향에 동반자가 없는지를 확인

③ 공이 홀을 벗어났을 경우에는 즉시 공 가요를 알리기

문제6. 사고발생 시 대응방법을 설명하시오.

답] 우선 침착하게 사고상황을 파악하고, 즉시 기초응급처치와 119 신고를 병행한다.

문제7. 경기자가 의식이 없을 경우, 해야 할 일을 설명하시오.

답] ① 119에 신고하고

② 환자를 편안한 장소로 옮기고

③ 구급차가 올 때까지 인공호흡을 실시

문제8. 경기 도중에 조원이 쓰러져 의식이 없는 응급상황에서 무엇을 해야 하는지 설명하시오.

답] 즉시 심폐소생술을 시행하고, 환자를 편안한 장소로 이동하며, 안전요원을 호출해야 합니다.

문제9. 하절기 낮시간의 파크골프 시간을 제한하는 이유를 설명하시오.

답] 무더운 여름철 운동 중 일사병이나 열사병 증세로 어지럼증, 구토, 쓰러짐 등의 증상이 있을 수 있기 때문

문제10. 일사병과 열사병의 차이를 설명하시오.

답] ① 일사병 : 고온에 노출되어 땀을 흘리면서 수분을 보충하지 못하여 체온이 상승하면서 어지럼증이 발생하지만 서늘한 곳에서 수분을 보충하면 바로 회복된다.

② 열사병 : 고온의 환경에서 열 발산이 원활하지 못하여 생기는 증상으로 일사병 보다 위험하다.

문제11. 일사병 시 응급처치에 대해 설명하시오.

답] ① 시원한 곳으로 옮겨 쉬게 한다.

② 신체를 서서히 냉각시켜 준다.

③ 환자가 의식이 있으면 소금물이나 이온음료를 마시게 한다.

문제12. 열사병 시 응급처치에 대해 설명하시오.

답] ① 젖은 물수건, 에어컨, 선풍기 또는 찬물을 이용하여 빠른 시간 내에 체온을 냉각시
켜 주어야 한다.

② 의식이 없는 상태라면 119에 신속하게 신고한다.

문제13. 운동 중 공에 맞았을 때, 처치방법을 설명하시오.

답] ① 공에 맞은 즉시 운동을 중단하고, 의자에 앉아서 상처를 확인한다.

② 통증이 줄어들고 부기가 가라앉을 때까지, 얼음주머니를 이용하여 냉찜질을 한다.
20분 찜질, 10분 휴식 주기로 3~4회 반복한다.

③ 이후 부기가 가라앉으면 온찜질을 하여 혈액순환이 원활해지도록 돕는다.

문제14. 운동 중 어지럼증과 구토증세를 보이는 회원의 처치방법을 설명하시오.

답] ① 시원한 곳으로 이동시켜 신체가 서서히 식도록 돕고

② 의식이 있는 환자는 소금물이나 이온음료, 오렌지주스로 체력을 회복시키고

③ 만약, 의식이 없는 환자는 즉시 119에 신고해 병원으로 이송한다

문제15. 스트레칭을 해야하는 이유를 설명하시오.

답] 체온을 올리고 근육의 이완과 신전을 시켜, 상해와 부상 예방을 할 수 있다.

문제16. 응급구조 (A, B, C)에 대해 설명하시오

답] ① Airway : 기도가 열려 있는지 확인

② Breathing : 호흡을 하는지 확인

③ Circulation : 혈액순환, 맥박을 확인

문제17. 경기 중 볼에 맞아 몸에 멍이 들었을 경우, 대처방법에 대해 설명하시오.〈기출문제〉

답] ① Rest(휴식)

② Ice(얼음찜질) : 혈관수축, 붓기와 통증완화

③ Compression(압박) : 탄력붕대로 가볍게 압박

④ Elevation(거상) : 멍든 부위를 심장보다 높게 위치

문제18. 응급처치에 대해 설명하시오.

답] ① 응급처치는 신속, 침착하고 질서있게 대처하며

② 긴급을 요하는 환자는 운동을 즉시 중단하고 병원으로 이송하며, 쇼크를 예방하는 조치를 시행할 수 있도록 한다.

문제19. 응급처치의 필요성을 설명하시오.〈기출문제〉

답] 응급상황에서 골든 타임(4분) 안에 처치로 사람을 살릴 수 있으며, 2차 위험으로부터 구할 수 있다.

문제20. PRICE 응급처치법에 대해 설명하시오.〈기출문제〉

답] ① PRICE는 운동 중 부상 시 사용하는 응급처치법의 약자이며

② P(Protection) : 부상 부위를 보호하고

③ R(Rest) : 움직임을 최소화 하며

④ I(Ice) : 얼음찜질로 통증 및 부기를 완화하고

⑤ C(Compression) : 붕대 등으로 압박하며

⑥ E(Elevation) : 부상 부위를 심장보다 높게 들어올린다.

⑦ 이 방법은 초기 회복을 빠르게 하고, 2차 손상을 방지한다.

문제21. 경기자의 의식이 있는 환자와 의식이 없는 환자의 각 응급처치 방법에 대해 설명하시오.〈기출문제〉

답] ① 의식이 있는 환자

－ 처치자는 자신의 이름과 신분을 말하고, 응급처치 교육을 받았음을 밝히고

－ 앞으로 행할 응급처치에 대한 설명을 진행하고

– 119 신고, 응급처치를 진행한다.

② 의식이 없는 환자

– 환자가 응급처치에 동의할 것을 가정하고

– 119 신고, 기도 확보 후 CPR(심폐소생술)을 시행하고

– 구급차가 올 때까지 인공호흡을 실시한다.

문제22. 심폐소생술 순서에 대해 설명하시오.

답] ① 환자 발견 및 반응을 확인하고(골든 타임 4분 ~ 발견 즉시 시행)

② 119 신고 및 자동제세동기를 요청하고

③ 호흡 확인

④ 가슴 압박

⑤ 기도 개방

⑥ 인공 호흡

⑦ 가슴 압박–인공호흡 반복 : 119 대원이 도착할 때까지 반복시행

문제23. 하임리히(Heimlich, 기도폐쇄 응급처리)법에 대해 설명하시오.〈기출문제〉

답] ① 기도에 이물질이 걸렸을 때, 복부를 빠르게 밀어올리는 압박을 통해 이물질을 제거하는 방법이며

② 환자 뒤에서 둘러 명치 위, 배꼽 위에 주먹을 대고, 다른 손으로 감싸 위쪽으로 빠르게 압박하고, 효과가 없을 시는 반복 후 CPR(심폐소생술)을 고려한다.

6.4 파크골프 경기규칙

1) 경기규칙

문제1. 경기 중 클럽이 훼손되어 사용할 수 없을 때, 조치방법에 대해 설명하시오.

답] ① 클럽이 훼손되면 교체할 수 있다.

② 경기자는 1개의 클럽으로 정해진 코스를 경기하여야 한다.

③ 경기자의 클럽이 경기과정에서 손상되었거나 분실했을 경우, 다른 클럽으로 교체할 수 있다.

④ 다만, 분실된 클럽이 발견된 경우에는 이것을 다시 사용할 수 있으며, 어느 경우도 동반자의 확인과 대회본부의 재검사를 받아야 한다.

문제2. 코스의 비정상적인 상태와 분실구 등의 가장 가까운 지점의 정의에 대해 설명하시오.〈기출문제〉

답] ① 비정상적인 상태 : 수리지, 캐주얼 워터, 예비 홀 컵, 배수구 등
비정상적인 상태와 분실구는 분실되었다고 예상되는 지점에서 가장 가까운 구제 지점을 선정

② 스탠스가 걸리지 않고 스트로크가 가능한 지점을 선정

③ 깃대와 가깝지 않은 지점을 선정

※ 예비 홀 컵, 배수구 위에 공이 놓인 경우, 공을 클럽 헤드 2개길이를 홀 컵과 가깝지 않게 이동 가능하며, 이를 위반 시에는 2벌타가 부여된다.

문제3. 대회에서 경기실격에 해당하는 위반사항을 설명하시오.〈기출문제〉

답] ① 경기시작 후 도착한 경우

② 스코어 카드에 실제 타수보다 적게 기록하거나 동반자 전원이 서명하지 않은 경우

③ 시합 전, 경기도중 공을 치는 연습하는 경우

④ 홀 컵에 홀인하기 전에 집어서 다른 홀에서 티 샷한 경우

⑤ 공 분실 후 예비공이 없는 경우

⑥ 미인증 채를 사용한 경우

⑦ 클럽에 인가되지 않은 부속물을 부착한 경우

⑧ 경기자가 홀 아웃을 하지 않고, 다음 홀로 이동하여 티 샷을 한 경우

⑨ 경기자가 규정 적용을 배제하거나 부여받은 벌타를 면제하기로 합의한 경우

문제4. 공을 2클럽 이내 놓을 수 없는 경우, 처치방법을 설명하시오.

답] ① 페어웨이

　　공이 나갔다고 예상되는 지점에서 깃대를 보고 서서, 홀 컵과 가깝지 않도록 공을 두 클럽보다 뒤에 두고 페어웨이에 놓고 샷을 한다.

　② 그린 주변

　　공이 나갔다고 예상되는 지점에서 2헤드 이내에 공을 두고 샷을 한다.

문제5. 헛스윙 시 대처방법에 대해 설명하시오.〈기출문제〉

답] 1타를 가산하지 않고 다시 스윙을 한다.(매너 위반행위)

문제6. 합의 하의 반칙에 대해 설명하시오.

답] 경기자는 규칙의 적용을 배제하거나 받은 벌타를 면제하기로 합의하여서는 안 되며, 이를 위반하였을 경우는 해당자 전원을 경기실격으로 처리

문제7. 경기 중 공에 금이 갔을 때, 할 수 있는 방법을 설명하시오.

답] 동반자 확인 후 마크하고, 예비공으로 교체하여 벌타없이, 그 자리에서 경기가 가능

문제8. 경기 중에 앞 팀과 간격이 2홀 이상 떨어진 경우에는 어떤 조치를 받는지 설명하시오.

답] 경기를 지연시킨 조원 모두에게 2벌타를 부여한다.

문제9. 티 샷한 결과, OB 여부가 애매한 공을 그냥 샷하여 컵인이 되었다면 몇 타인지와 그 이유를 설명하시오.

답] ① 총 6타

　② 티 샷 1타 + OB 2타 + OB처리 불이행 2타 + 세컨드 샷 1타 = 6타

문제10. 5번 홀에 왔을 때, 3번 홀과 4번 홀을 지나쳐 잘못 진입한 것을 5번 홀을 홀 아웃하고 알았을 경우, 어떻게 해야하는지 설명하시오.

  답] ① 3번 홀로 되돌아가서 경기를 하고

  ② 잘못 진입한 5번 홀에 대한 2벌타를 동반자 전원에게

  ③ 3번 홀 경기결과에 추가하여 부여한다.

문제11. 9번 홀을 홀 아웃한 후, 3번과 4번 홀을 지나쳐 잘못 진입한 것을 알았을 경우, 경기진행 방법과 벌타에 대해 설명하시오.〈기출문제〉

  답] 3번 홀로 이동경기를 하고, 5, 6, 7, 8, 9홀 5개 홀을 잘못 진입한 2벌타×5홀=10 벌타를 3번 홀에 경기자 전원에게 부여한다.(이 때, 더블 Par까지만 계산한다는 규칙 적용은 없다.)

문제12. 티잉 그라운드에서 발생할 수 있는 벌타 유형을 설명하시오.

  답] ① 티잉 그라운드를 일부라도 벗어난 스탠스로 티 샷을 한 경우 : 2벌타

  ② 티잉 그라운드 외의 구역에서 티 샷을 한 경우 : 2벌타

  ③ 티 샷을 한 공이 티잉 그라운드 후면에 정지한 경우 : 2벌타

문제13. 티잉 그라운드에서 검은색 선을 밟고 티 샷했을 경우, 처리방법에 대해 설명하시오.

  답] 2벌타를 부여하고, 공이 놓인 위치에서 경기를 한다.
  총 3타(벌타 2타 + 샷 1타)

문제14. 티잉 그라운드에서 스트로크에 의하지 않고, 무의식적으로 클럽이 공에 접촉하여 공이 티에서 떨어진 경우, 어떻게 처치하는지 설명하시오.〈기출문제〉

  답] 1타를 가산하지 않고, 다시 티 샷을 한다.

문제15. 홀 아웃을 하지 않은 상태로, 다음 홀에서 티 샷을 한 경우를 설명하시오. 〈기출문제〉

답] 해당 홀에서 실격처리된다.

(로컬 룰을 적용한 경우, 해당 홀의 더블 Par수를 부여)

문제16. 공 앞의 잔디를 뽑다 공이 움직인 경우, 벌타수에 대해 설명하시오.

답] 4타(라이 개선 2타 + 위치 이동 2타)

문제17. 정지된 볼을 타구자가 맞추었을 때, 처치방법을 설명하시오. 〈기출문제〉

답] ① 경기자의 공은 정지된 곳에서 샷을 하고, 만약 OB라인을 벗어났다면 OB처리를
한 후 경기를 진행

② 동반자의 공은 충돌했다고 예상되는 지점으로 동반자의 확인을 받고, 경기자가 원
위치한다.

**문제18. 어드레스 중 클럽을 공 뒤에 놓다가 공을 건드려 움직였다. 이 상황에서 벌타
적용 여부를 티 샷할 때와 티 샷 이후일 때로 구분하여 설명하시오. 〈기출문제〉**

답] ① 티 샷 할 때 :
– 의도적인 스윙이 아니었는데, 공이 움직이거나 티에서 떨어진 경우는 무벌타로
다시 티 샷을 한다
– 스윙을 하다가 공을 스치거나 바람의 영향으로 공이 티에서 떨어진 경우는 1타
를 친 것으로 되고, 공이 놓여진 상태에서 제2타를 치면 된다.
– 공이 장애물을 맞고 티잉 그라운드 뒤쪽으로 벗어나면 OB처리 한다.
② 티 샷 이후 :
2타부터는 어드레스 중에 실수로 공을 건드려서 공이 움직이면 1타를 친 것으로
간주한다.

문제19. 백 스윙없이 공을 쳤을 경우, 조치사항을 설명하시오.

답] ① 규칙에 의거 백 스윙없이 밀어치는 샷은 2벌타를 부여

② 공을 타격한 1타를 가산하고, 공이 정지된 지점에서 경기를 계속 진행

문제20. 경기자가 스트로크 중 클럽에 공이 2회 접촉될 경우는 몇 타가 추가로 부가 되는지 설명하시오.〈기출문제〉

답] 3타(클럽에 추가로 접촉된 1타 + 2벌타)

문제21. 라운딩 중 동반자의 공을 자신의 공으로 오인하여 타격한 경우는 어떻게 처 리해야 하는지 설명하시오.

답] ① 경기자가 동반자의 공으로 스트로크을 한 경우 :

동반자의 공은 원위치하고, 자신의 공 위치에서 2벌타를 부여한 후에 다시 경기

② 뒤바뀐 공의 해당자 모두가 스트로크한 경우 :

홀 아웃할 때까지 바뀐 공으로 진행하고, 해당자 모두 2벌타

문제22. 뒤바뀐 공으로 스트로크 한 경우에 대해 설명하시오.〈기출문제〉

답] ① 경기자 혼자 스트로크를 한 경우

– 경기자가 동반자의 공으로 스트로크를 한 경우, 타수는 가산하지 않고 2벌타를 부여

– 경기자는 동반자의 공을 원위치 하고, 자신의 공 위치에서 경기를 진행

② 경기자, 동반자 모두 스트로크를 한 경우

– 홀 아웃할 때까지 바뀐 공으로 스트로크를 진행

– 경기자와 동반자 모두에게 2벌타를 부여

문제23. 경기자가 1개 코스 내에서 공 교체가 가능한 상황에 대해 설명하시오

답] 다음 코스 1번 홀에서만 가능(위반 시 2벌타)

※ 분실 공, 공 손상상황은 예외

문제24. 경기상황 시 공에 대해 설명하시오〈기출문제〉

답] ① 경기자가 티 샷을 한 공이 티잉 그라운드를 벗어나 홀 아웃할 때까지의 상태

② 마크를 해서 공을 집어든 후 공을 다시 놓고 볼 마커를 들었을 때

③ 분실구, OB, 언플레이어블 등으로 공을 집어들어 규칙에 의한 지점에 공을 놓고 스트로크를 하였을 경우

문제25. 멀리 있는 순서대로 경기자가 스윙하여 공이 굴러가는 도중에, 동반자가 퍼팅하여 경기자의 공을 맞추었을 경우, 처치방법에 대해 설명하시오.

답] 동반자에게 2벌타를 부여하고, 2개의 공이 정지된 지점에서 경기를 진행

※ 정지된 지점이 홀 컵이라면 컵인으로 인정

문제26. 공이 홀 컵 옆에 걸쳐 있을 경우, 컵인을 하지 않고 바로 공을 집어 들었다면 벌타가 부여되는지 설명하시오.

답] 2벌타를 부여받고, 공을 제자리에 놓고 다시 경기를 진행

문제27. 공이 다른 경기자의 공을 맞쳤을 때를 설명하시오.

답] 원위치, 상황에 따라 벌타 유무를 구분

문제28. 동반자가 고의적으로 경기자의 공을 멈추게 한 경우를 설명하시오.〈기출문제〉

답] 동반자에게 2벌타를 부여

문제29. 공 앞쪽 목표방향에 표시물을 놓거나 클럽 헤드가 지면에 닿은 경우, 벌타에 대해 설명하시오.

답] 2벌타

문제30. 충돌로 움직여진 공을 필요 시 다른 동반자가 원위치한 경우, 벌타에 대해 설명하시오.

답] 벌타 없음(가능)

문제31. 샷한 공이 동반자의 공과 부딪쳤을 때, 처치방법에 대해 설명하시오.

답] 동반자의 공을 원래 있었던 위치로 이동하며, 본인의 공은 놓여진 위치에서 경기를 한다. 단, OB가 되었을 경우도 OB처리한다.

문제32. 경기 중 공에 이물질이 묻었을 때, 어떻게 해야 하는지를 설명하시오.

답] 정지상태일 때만 닦을 수 있다.

문제33. 경기에 부적합한 공에 대해 설명하시오.

답] ① 공에 잔금이 있거나 찌그러졌거나 갈라진 것이 보이는 경우를 말하며
② 자신의 공이 부적합하다고 생각할 경우는 확인하기 위해서 그 홀의 경기 중에 벌타없이 공을 집을 수 있다.
이 때, 경기자는 동반자에게 공을 확인할 의사를 밝히고, 공의 위치를 마크한 후 공을 집어야 한다.

문제34. 파크골프 구제방식을 설명하시오.

답] ① 공을 집어 올림
② 공을 원위치에 놓음(리플레이스)
③ 공을 놓음(플레이스)

문제35. 플레이스와 리플레이스를 설명하시오.

답] ① 플레이스 : OB, 분실구, 수리지, 언플레이어블 등의 규칙에 따라 공을 놓는 동작 또는 행위
② 리플레이스 : 공을 원위치로 되돌리는 동작 또는 행위

문제36. 구제 시 공을 놓을 곳이 없는데, 클럽길이 말고 클럽 헤드로 처치하는 방법에 대해 설명하시오.〈기출문제〉

답] ① 예비 홀 컵 위에 공이 놓여 있는 경우는 공을 클럽 헤드 2개길이 만큼 이동

② 세컨드 샷부터 볼 마커가 동반자의 경기에 방해가 될 경우는 클럽헤드 2개 길이만큼 좌·우측으로 이동 가능

문제37. 동반자가 1클럽 왼쪽으로 볼 마커를 요청하여 볼 마커를 이동 후, 제자리로 다시 이동하지 않고 바로 샷을 했을 경우, 처치방법에 대해 설명하시오.

답] 2벌타를 받고, 공이 정지된 지점에서 경기를 진행

문제38. 파크골프 샷 후에 원위치하여 다시 칠 수 있는 경우를 설명하시오.

답] ① 샷을 한 후 공이 깨졌을 경우 : 벌타 없음

② 페어웨이에서 동반자의 공으로 샷을 했을 경우 : 2벌타

③ 1번 홀에서 공 거치대에 있는 타인의 공으로 티 샷을 한 경우 : 벌타 없음

문제39. 마크 요구에 불응하여 필요시 다른 동반자가 마크한 경우, 벌타에 대해 설명하시오.

답] 벌타 없음(가능)

문제40. 마크와 마커의 차이점을 설명하시오.

답] ① 마커는 공을 집어들기 전에 공 뒤에 놓는 표식물이고, 마크는 공 마커를 공 뒤에 놓는 동작이다.

② 우리나라에는 아직 본격적으로 도입되지 않았지마 대회 시에 진행요원이나 심판 없이 4명의 조원 중의 리더로서 진행요원처럼 스코어 카드를 작성하고, 분쟁 시 심판과 같은 권위를 가지고 경기를 원활하게 리드하는 역할자를 마커라고 한다. (일종의 조장)

③ 각 홀에는 티 샷을 하는 티잉 그라운드가 있는데, 앞에서부터 40cm 쯤 뒤 양쪽에

커다란 흰공 같은 표식물이 설치되어 있는데, 이를 티 마커라고 한다. 규정에 따르면 경기자의 볼을 티 마커보다 홀쪽으로 앞쪽에 놓고 티 샷을 하면 2벌타가 주어진다. 발이 넘어가는 것은 관계없다.

문제41. 모래 고르개, 공 회수용 뜰채가 정해진 위치에 있어 샷에 방해가 된다면 어떻게 해야 하는지 설명하시오.

답] 정해진 위치에 있다면 이것은 임의로 움직일 수 없다.

경기자가 사용 후 원위치를 하지 않은 경우, 다음 경기자가 샷에 방해가 되면 이동시킬 수 있다.

문제42. 경기자가 움직일 수 있는 장애물을 제거하는 과정에서 공이 움직이면 벌타가 부여되는지 설명하시오.

답] 아니오, 공을 원래 있었다고 추정되는 지점에 놓고 경기를 진행

문제43. 공이 분실되었을 때 분실구로 판정을 받는 조건과 이후 처리방법을 설명하시오.〈기출문제〉

답] ① 공을 찾는데 3분 이내이므로 3분 경과 후 찾을 수 없을 경우, 분실구 처리 : 2벌타.

② 분실되었다고 생각되는 지점에서 홀 컵을 바라보고, 양팔을 벌려 좌·우측 연장선 기준으로, 깃대에 가깝지 않게 경기가 가능한 위치에 동반자의 확인을 거쳐 공을 놓고, 경기를 재개

③ 다만, 분실구로 처리하고 스트로크를 한 후에 공을 발견하였을 경우에도 그 공은 분실구로 처리한다.

문제44. 예비공이 없을 때 실격이 되지 않으려고, 동반자의 공을 빌려서 경기할 수 있는지에 대해 설명하시오.〈기출문제〉

답] 분실공은 2벌타가 되며, 예비공을 분실하였거나 훼손되었을 경우는 빌려서 사용할 수 있다.

※ 공에 금이 가면 동반자가 확인한 후 마크하고, 예비공으로 교체하여 벌타없이 그
　자리에서 경기를 진행

문제45. OB로 인정받는 경우를 설명하시오.

답] ① 공이 안착된 지점에서 수직 윗쪽에서 보아 OB라인이나 OB말뚝 연장선에서 벗어
　　난 경우, 경기자가 OB로 판정

② 애매할 경우는 동반자의 확인을 받아야 하며, 이 때 동반자 중 1명이라도 OB가 난
　것으로 판정한 경우는 OB처리

문제46. OB판정이 애매한 공을 본인이 OB가 아니라고 판정하여 샷을 한 경우, 처치
방법을 설명하시오.

답] 동반자에게 확인을 받지 않아 2벌타
　　공이 나간 지점에서 처치하지 않아 2벌타, 총 4벌타

문제47. OB가 났을 경우, 어떻게 행동하고, 다음 샷을 해야 하는지 설명하시오.

답] OB라인을 벗어난 지점에서 깃대를 보고 수직방향에 서서, 양팔을 벌려 좌·우측에
　　2클럽 이내에서, 깃대로부터 멀고 샷을 하기가 좋은 지점에 공을 놓고 경기를 진행

문제48. OB의 정의와 처치방법에 대해 설명하시오.〈기출문제〉

답] ① OB : Out of Bounds의 줄인말로 코스 경기가 불가능한 지역
　　② 처치방법
　　　– 동반자의 확인을 받고 공을 집어들어 OB라인을 벗어났다고 추정되는 지역으로
　　　　이동하여
　　　– 공이 OB라인을 벗어난 지점에서 깃대를 보고 선다.
　　　– 양팔을 벌려 클럽이 깃대와 수직이 되도록 하여 좌, 우측에 2클럽 이내로 샷하기
　　　　좋은 지점을 선정하여
　　　– 선정된 지점에 공을 놓고, 클럽을 들어 경기를 진행한다.

※ 로컬 룰로 지정되지 않은 경우, OB여부는 공의 최종 안착지점에서 판단한다.

　※ OB라인, OB말뚝 순으로 OB를 판정한다.

문제49. OB가 된 공이 분실되었을 때, 벌타와 처치방법에 대해 설명하시오.

답] ① OB가 난 공을 찾지 못한 경우

－ OB와 분실구의 벌타는 중복되지 않는다.

－ OB가 된 지점에서 공은 경기가 중지된 것으로 보고, 분실구에 대한 벌타는 부여하지 않고, OB에 대한 2벌타만 부여하며

－ 예비공으로 나간 지점에서 OB처치를 한다.

② 처치방법 : OB라인을 나간 지점에서 깃대를 보고 수직으로 서서, 양팔을 벌려 좌·우측 2클럽 이내의 후방 반원지역에서 샷하기 좋은 지점에 놓고, 경기를 한다.

문제50. OB처리 동반자와 공이 바뀌었을 때 대처방법에 대해 설명하시오.

답] ① 경기자가 동반자의 공으로 스트로크 : 동반자 공 원위치, 자신은 공위치에서 2벌타 부여 후 경기를 진행

② 경기자, 동반자 모두 스트로크 : 홀 아웃할 때까지 바뀐 공으로 진행, 해당자 모두 2벌타 부여 후 경기를 진행

문제51. 라이 개선 벌타에 대해 설명하시오. 〈기출문제〉

답] ① 티잉 그라운드를 제외한 전지역, 특히 볼 주변에 라이를 개선하면 2벌타

② 경기자가 볼의 움직임에 영향을 줄 의도로 굴러가는 볼 앞에 무언가를 놓거나 바람을 불거나 할 경우

③ 그린에서 볼과 홀 컵 사이 퍼팅선의 잔디나 바닥면을 클럽 헤드로 누를 경우

④ 벙커 앞에서 볼 앞, 뒤쪽의 모래를 고르는 경우

⑤ 마크를 치우지 않고 퍼팅을 하는 경우

　※ 라이(Lie) : 공이 코스 위에 놓여진 상태

문제52. 언플레이어블을 설명하시오.

답] 공을 찾을 수 없는 경우, 경기 불가능을 선언하고, 공이 멈추어진 위치에서 2클럽 이내에서 홀 컵에 가깝지 않은 곳에 공을 놓고, 경기를 재개

문제53. 언플레이어블과 상황별 조치사항에 대해 설명하시오.〈기출문제〉

답] ① 코스 내에서 자신의 공을 칠 수 없는 경우, 동반자의 확인을 받아 2벌타를 부여
② 그 공에서 깃대를 바라보고 수직방향에 서서, 양팔을 벌려 좌우측에서 2클럽 이내의 후방 반원지역에서 샷을 하기 좋은 지점에 공을 놓고, 경기를 재개
③ 샷이 불가능한데 장애물을 훼손하며 샷을 한 경우, 2벌타 부여

문제54. 언플레이어블과 같은 상황일 때, 공을 2클럽 이내에 놓을 수 없는 경우, 처치 방법에 대해 성명하시오.〈기출문제〉

답] ① 페어웨이 : 공이 나갔다고 예상되는 지점에서 깃대를 보고 서서, 홀 컵과 가깝지 않도록 공을 2클럽보다 뒤에 두고, 페어웨이에 놓고 샷을 한다.
② 그린 주변 : 공이 나갔다고 예상되는 지점에서 2헤드 이내에 공을 놓고 샷을 한다.

문제55. 국외자라는 용어의 정의를 설명하시오.

답] ① 경기자와 관계없는 사람 또는 물건을 가리킨다.(예 ; 채점자, 심판, 경기위원 등)
② 물과 사람은 자연의 것이기 때문에 국외자가 아니다.
③ 공이 국외자에 의해 방향과 거리가 우연히 변하였을 경우
　　- 있는 그대로 경기를 하여야 하지만
　　- 의도가 있었을 경우에는 움직임을 예상하여 정상적인 곳에서 경기를 시작하여야 한다.
④ 국외자가 아닌 경기자의 신체, 용구, 용품에 공이 맞았을 경우는 2벌타를 부여

문제56. 파크골프대회 시 대회본부에서 규칙을 정하는 것을 무엇이라고 하는지 설명하시오.〈기출문제〉

답] 로컬 룰이며, 파크골프장의 난이도, 안전문제 등에 맞도록 필요에 의하여 설정된 경
기규칙

문제57. 파크골프 경기규칙의 실격사항에 대해 설명하시오.

답] ① 공인 클럽이 아닌 것을 사용했을 경우

② 공인 볼이 아닌 것을 사용했을 경우

③ 공인 티가 아닌 것을 사용했을 경우

④ 경기 중에 연습 스트로크를 했을 경우

⑤ 대회본부가 실격이라고 판단했을 경우

실격의 판단은 경기위원장을 중심으로 적어도 3명 이상으로 구성되어 진 경기위
원들이 심사한다

문제58. 비가 올 때 대회진행 방법에 대해 설명하시오.

답] 대회요강에 따라 진행을 하게 되며, 대회를 연기하거나 취합된 기록으로 순위를 결
정할 수 있다.

문제59. 로컬 룰에 대해 설명하시오.

답] ① 각 구장의 특성에 따른 안전상이나 코스 보호를 위해 대회본부가 최소한으로 정하
여 공표한 규정

② 로컬 룰의 예 :

- 보통 곡선의 통로에서의 OB라인 적용

- 본부석, 방송 기재 등 임시장애물에서의 구제 규정

- 코스 보호를 위한 특정구역(잔디 육성지, 식수지, 재배지 등)을 경기 금지구역인
수리지 설정

- 도그레그 홀에서의 직접 공략의 허용 여부

- 특설 장소 위치(OB티)를 설치 등

문제60. 제너럴 룰과 로컬 룰의 차이점을 설명하시오.

답] ① 제너럴 룰은 모든 파크골프장에서 적용되는 경기규칙이고, 로컬 룰은 특정한 파크
골프장에만 적용되는 경기규칙을 말한다.

② 일반 룰은 대한파크골프협회가 제정한 파크골프 규정을 의미한다.

– 우리나라의 모든 대회 및 파크골퍼는 일반 룰을 따라야 한다.

– 룰을 따르지 않으면 벌타가 주어지거나 대회에서 실격처리가 될 수 있다.

– 에티켓 위반은 벌타가 없지만 심각하면 실격처리하거나 퇴장조치를 할 수도 있다.

③ 로컬 룰은 당해 골프장의 사정이나 대회 진행상 불가피한 경우, 그 지역이나 골프
장의 실정에 맞도록 그 골프장이나 그 대회에서만 적용하는 특별한 룰(규정)을 정
해서 시행할 수 있다. 다만, 로컬 룰은 일반 룰을 벗어나지 않는 수준에서 제정되어
야 한다.

문제61. OB (특설)티에 대해 설명하시오.〈기출문제〉

답] 그린 뒤로 OB가 난 경우, 공이 나간 지점에서 OB처리를 하려고 하였으나 처치장소
가 없어 그 구장의 로컬 룰로 인해 페어웨이 또는 그린 주위에 좌우로 표시해 둔 곳
이다.

2) 상황별 경기규칙

문제1. 파크골프 경기 중 앞 팀과의 간격이 2홀 이상인 경우, 어떤 조치를 받는지에 대해 설명하시오.

답] 사유에 따라 경기를 지연시킨 조원 모두에게 2벌타를 부여

문제2. 경기자가 스트로크 중 클럽에 2회 공이 접촉했을 때, 몇 타로 계산되는지 설명하시오.

답] 스트로크 1타 + 추가 1타 + 움직이는 공을 쳤으니 2타 = 합이 4타

문제3. 샷을 한 이후 공을 원위치해서 다시 칠 수 있는 경우에 대해 설명하시오.

답] ① 샷을 하다가 공이 깨졌을 때 : 벌타 없음

② 페어웨이에서 다른 사람의 공을 쳤을 때 : 2벌타

③ 1번 홀에서 공 거치대에 있는 다른 사람의 공으로 티 샷을 했을 때 : 벌타 없음

문제4. 파크골프 경기 중 1타 가산과 무벌타 경우에 대해 설명하시오.〈기출문제〉

답] ① 1타 가산

– 티 샷 시 바람의 영향에 의해 공이 티에서 떨어진 경우

– 티 샷 이후 어드레스 자세에서 공을 건드렸을 경우

– 연습 스윙 시 클럽 헤드에 공이 맞아 티에서 떨어진 경우

② 무벌타

– 경기자가 친 공이 동반자의 공을 맞춘 경우

– 백 스윙 도중에 안전망을 친 경우

– 벙커 샷에서 모래를 친 경우

– 러프 샷에서 긴 풀을 친 경우

문제5. 공의 일부가 홀 컵 주변에 걸쳐 있는 경우, 몇 초 이내로 홀 컵에 들어가야 컵 인으로 인정되는지 설명하시오.

답] 10초 이내

문제6. 티 샷한 공이 그린 주변에 안착되어 오르막 퍼팅하였는데, 공이 홀 앞에서 정지했다가 다시 굴러 내려오는 공을 다시 퍼팅하여 컵인되었다면 몇 타인지 설명하시오.

답] 5타

문제7. 오구가 무엇인지 설명하시오.

답] ① 오구란 경기 중 타인의 볼을 친 경우를 말한다 : 2벌타

② 티 샷에서 타인의 볼을 잘못 친 경우는 오구가 아니라 바뀐 볼로 취급한다. : 벌타
   없음

문제8. 다른 위치 또는 거리에서 동시에 퍼팅을 하여 공이 부딪친 경우에 대해 설명하시오.

답] ① 무벌타로 2개의 정지된 지점에서 경기를 하고.
   ② 이 때, 그린에서 2명이 동시에 퍼팅을 하여 2개의 공이 모두 컵인이 되었으면 2개
   모두 컵인으로 인정한다.

문제9. A, B 경기자가 동시에 샷을 해서 공이 충돌하여 B 경기자의 공은 컵인되고, A 경기자의 공은 OB가 되었을 경우, 처치방법에 대해 설명하시오.(샷 순서는 A 경기자임)

답] 동시에 샷을 했기 때문에 A 경기자는 OB처리, B 경기자는 컵인을 인정
   (샷 순서를 어긴 것은 매너 위반이며, 매너 위반은 벌타가 없다.)

문제10. 경기 중 움직이고 있는 공이 국외자 또는 동반자에 의해 방향을 변경하거나 정지하였을 경우에 대해 설명하시오.

답] ① 벌타는 없고
   ② 그 공은 있는 그대로의 상태에서 경기를 하여야 한다.

문제11. 경기 중 공을 바꿔서 경기할 수 있는 상황 2가지를 설명하시오.

답] ① 분실구, 2벌타 후 분실한 위치에서 예비공으로 경기
   ② 경기 도중 공이 반쪽으로 쪼개진 경우, 예비공으로 다시 샷을 하고 경기

문제12. 마크와 관련한 벌타상황을 설명하시오.

답] ① 마크 요구가 없는데, 공을 임의로 집어서 이물질을 제거한 경우 : 2벌타
   ② 공을 먼저 집은 후에 마크하는 경우 : 2벌타

③ 마크한 뒤에 공 마커를 먼저 집은 후, 공을 놓는 경우 : 2벌타

④ 마크할 때, 홀 컵과 가깝게 공 앞쪽 또는 옆에다 마크하는 경우 : 2벌타

⑤ 장해물이 방해되어 공을 임의로 좌·우로 이동하는 경우 : 2벌타

⑥ 공 마커를 좌·우로 이동한 후 원위치하지 않고 샷한 경우 : 2벌타

⑦ 마크하는 도중에 공을 건드린 경우 : 벌타 없음

⑧ 티 샷에서 동반자의 공에 대해 마크를 요구한 경우 : 요구 불가

⑨ 20m 이상 거리의 동반자 공에 대해 마크를 요구한 경우: 요구 불가

⑩ 경기자가 마크를 요구하는데, 이에 불응한 경우 : 매너 위반

　　이 때에 필요한 경우, 다른 동반자가 마크해 주는 경우 : 벌타 없음(가능)

문제13. 볼 마크 거부 시 처치방법에 대해 설명하시오.

답] 다른 동반자에게 볼 마크를 요청한다.

문제14. 홀 컵에서 2클럽 이상에 있는 공을 마크한 경우, 처치방법을 설명하시오.

답] ① 2벌타 부여

② 홀 컵에서 2클럽 이내에서만 동반자 요구없이 마크 가능

　　이 때도 동반자에게 반드시 알리고 마크

문제15. 안전망에서의 벌타 4가지 항목에 대해 설명하시오.〈기출문제〉

답] ① 몸으로 안전망을 밀어내고 샷을 한 경우

② 백 스윙없이 잡아당기는 샷을 한 경우

③ 샷을 하면서 안전망을 먼저 친 경우

④ 샷이 불가하여 언플레이어블을 선언한 경우

　　※ 벌타가 없는 경우 : ‒ 백 스윙 시 안전망을 건드리는 경우

　　　　　　　　　　　　　‒ 스윙 중에 주변 상황이 개선되는 경우

　　　　　　　　　　　　　‒ 공이 망에 가까이 있어 스탠스가 어려울 경우에 망을 넘어

　　　　　　　　　　　가서 공을 직접 치는 경우

문제16. 안전망 근처에서 발생할 수 있는 벌타 유형을 설명하시오.

> 답] ① 안전망을 신체 일부분으로 걷어올리는 등의 행위 또는 파손 : 2벌타
>
> ② 안전망 뒤에서 망을 먼저 치면서 공을 친 경우 : 2벌타
>
> ③ 백 스윙 공간이 없어 백 스윙없이 밀어 쳤을 때 : 2벌타
>
> ④ 샷이 불가하여 언플레이어블을 선언한 경우 : 2벌타
>
> (단, 백 스윙을 하면서 안전망을 건드린 경우 : 무벌타)

문제17. Par3 홀에서 티에 올려놓지 않고 친 공이 OB가 되어 처치한 후, 다음 샷이 컵인하면 몇 타인지 설명하시오.

> 답] 6타

문제18. 그린 위에서 발생할 수 있는 벌타 유형을 설명하시오.

> 답] ① 퍼팅을 좋게 하기 위해 잔디 등을 클럽으로 고르는 경우 : 2벌타
>
> ② 홀 컵에 가까이 있는 공을 무의식적으로 집어올린 경우 : 2벌타
>
> ③ 깃대를 뽑고 퍼팅하는 경우 : 2벌타

문제19. 그린에서 컵인하지 않고, 다음 홀로 이동한 경우, 처치방법을 설명하시오.

> 답] 실격처리하며, 다만 로컬 룰에 의해 더블 Par로 처리할 수도 있다.

문제20. 공이 홀 컵 주변에 걸쳐 있어 10초를 초과하여 기다리는 경우, 벌타에 대해 설명하시오.

> 답] 벌타 없음(매너 위반)

문제21. 경기 중 2벌타가 부여되는 경우에 대해 설명하시오.

> 답] ① 티 위에 공을 놓지 않고서 티 샷을 한 경우
>
> ② 백 스윙없이 밀어내기, 퍼 올리기, 끌어당기기 등의 행위
>
> ③ 나뭇가지를 꺽거나 발로 걷어올리는 경우

④ 클럽 헤드에 공이 2회 이상 동시에 맞는 경우

⑤ 샷을 한 공이 장애물을 맞고서 자신의 몸에 맞는 경우

⑥ 움직이는 공을 막았을 경우

⑦ 언플레이어블을 선언한 경우

⑧ OB일 경우

⑨ 홀 아웃을 하지 않고 공을 들은 경우

⑩ 공에 마크 순서를 위반한 경우

문제22. 경기 중 무벌타로 치는 경우에 대해 설명하시오.

답] ① 샷 의도없는 연습스윙 시 헤드에 공이 맞아 티에서 떨어진 경우

② 공에 접근하여 무심결에 공을 밟은 경우

③ 백 스윙 도중에 공이 움직여서 백 스윙을 중지한 경우

④ 움직이는 공이 동반자에 의해 멈춘 경우

⑤ 1번 홀의 공 거치대에서 다른 경기자의 공을 친 경우

⑥ 공에 금이 가거나 공이 2개로 분리된 경우

⑦ 마크하는 도중에 공을 건드린 경우

⑧ 공 주변의 낙엽, 작은 돌, 나뭇가지, 비닐봉지 등을 치운 경우

⑨ 움직일 수 있는 장애물을 치우다가 공을 건드린 경우

⑩ 백 스윙 도중에 안전망을 건드린 경우

⑪ 2클럽 이내로 처치 시 샷을 할 위치가 없는 경우에 티잉 그라운드 방향으로 가장
   근접한 곳에 공을 놓은 경우

⑫ 경기자가 친 공이 동반자의 공을 맞춘 경우

⑬ 동시에 샷한 공이 부딪친 경우

제7장

스포츠지도
구술시험 예상문제

7.1 지도자란?

1) 파크골프 소개

문제1. 지도원리에 대해 설명하시오.

답] ① 누구나 참여할 수 있어야 한다.

② 참여자의 욕구를 반영한다.

③ 상호협력을 통해 사회적 관계를 개선한다.

④ 자발적으로 참여할 수 있어야 한다.

⑤ 다양한 프로그램을 운영해야 한다.

⑥ 프로그램에 대해 지속적으로 평가를 해야한다.

문제2. 지도자 원리에 대해 설명하시오.

답] ① 철학적 기초에 근거하여 지도　　② 자발적인 참여와 흥미를 유드

③ 개인차를 고려하여 지도　　④ 다양한 정보를 제공

⑤ 평가를 통해 수정보완하여 지도

문제3. 지도자의 기능(역할)에 대해 설명하시오.

답] ① 개인 또는 집단의 목표를 확인과 제시

② 동료의식 및 응집성을 조성

③ 목표도달을 위한 프로그램의 개발 및 제시

④ 동기유발 및 긍정적인 분위기를 조성

⑤ 생활체육의 과업에 대한 평가

문제4. 파크골프 지도사가 되려고 하는 목적에 대해 설명하시오.

답] ① 단순히 운동으로 생각하고 시작한 파크골프로 재능기부를 하며

② 본격적으로 전문적인 지식을 쌓아 자격증을 따서 신입회원들을 지도하며, 전국민

이 운동할 수 있도록 봉사하고져 합니다.

문제5. 지도자의 역할에 대해 설명하시오.〈기출문제〉

답] ① 생활체육 프로그램을 개발　　② 운동기술을 전수

③ 전문지식을 전달　　④ 시설을 운영 및 관리

⑤ 체력진단 및 적절한 운동을 처방

문제6. 지도자의 유의사항에 대해 설명하시오.

답] ① 시간을 잘 지킨다.　　② 복장을 단정하게 한다.

③ 긍정적인 대화를 유도한다.　　④ 언어 사용을 바르게 한다.

⑤ 평등하게 대해 준다.

문제7. 지도자의 자질에 대해 설명하시오.〈기출문제〉

답] 도덕성, 사명감, 공정성, 의사전달 능력, 활발하고 강인한 성격

문제8. 당신이 생각하는 좋은 지도자에 대해 설명하시오.

답] ① 좋은 지도자는 늘 배우는 자세를 갖고, 참가자 한명 한명을 존중할 줄 아는 사람이라고 생각하며

② 기술 이전에 사람을 대하는 태도가 우선이며, 함께 운동하면서 삶의 긍정적인 변화를 유도할 수 있어야 한다.

문제9. 운동을 그만둘 수 있는 경우, 계속할 수 있도록 하는 지도방법을 설명하시오.

답] ① 지도자와 참여자의 상호간에 믿음을 쌓고 의욕을 잃지 않도록 사전에 많은 대화를 하여

② 그만두고 싶다고 할 때는 그 이유를 들어보고, 그에 맞는 대안을 제시하고

③ 초심을 떠올리도록 하고, 어떤 스타일과 경기를 원하는지 알아보면서 구체적인 계획을 미리 세워 설명을 한다.

문제10. 지도 시 부상방지와 부상에 따른 조치방법에 대해 설명하시오.

　답] ① 부상방지를 위해서는 충분한 준비운동과 정리운동이 필수이고, 무리한 스윙동작
이나 스윙 중 뒷땅을 치면 엘보의 부상을 당할 수 있으니, 이 때는 충분한 휴식과
치료를 받도록 해야 한다.

　　② 그 외에 그립을 잡는 과정에서 손목 및 손가락 통증이 있을 수 있다.

　　③ 과도한 비거리를 위해 어깨와 허리의 무리한 회전으로 부상을 불러올 수 있다.

　　④ 부상방지를 위해 근력과 유연성을 키우도록 지도한다.

문제11. 스포츠 안전을 위한 지도사의 역할에 대해 설명하시오.

　답] ① 스포츠 안전지식을 습득

　　② 수준에 맞는 스포츠 활동

　　③ 준비운동, 정리운동을 통한 스포츠 안전사고를 예방

　　④ 스포츠 시설 및 기구의 안전점검

　　⑤ 운동참여에 적합한 복장을 지도

문제12. 파크골프지도사가 지켜야할 덕목과 하여서는 안 되는 금기사항을 설명하시오.

　답] ① 지도사는 전문지식을 갖추고 공정성과 정의로움이 있고 성실하고

　　② 도박과 승부조작을 하여서는 안 되며, 성추행이나 체벌을 하여서는 안 된다.

문제13. 자격증 취득 후 어떤 활동을 하실 계획인지 설명하시오.

　답] ① 저는 자격증 취득 후, 지역의 노인복지시설이나 평생학습센터와 연계해 노인 파크
골프 프로그램을 기획하고 운영하고자 한다.

　　② 또한, 지역사회와 협력해 생활체육 활성화에 기여하는 것이 제 목표입니다.

문제14. 지도를 할 때 가장 중요하게 생각하는 것은 무엇인지 설명하시오.

　답] ① 가장 중요한 건 안전이며

　　② 그 다음은 참여자와의 소통, 그리고 실력보다 재미와 성취감을 느끼게 하는 격려

이며

③ 파크골프는 단지 기술을 가르치는 것이 아니라 함께 성장하는 관계를 만드는 게 지도자의 역할이라고 생각한다.

문제15. 파크골프 초보자를 위한 지도방법에 대해 설명하시오.

답] ① 파크골프의 용어, 특징, 역사

② 파크골프장을 구성하는 홀의 구성과 제원, 시설물, 설치물

③ 파크골프를 치는데 필요한 용구 및 복장

④ 안전관리로서 안전수칙, 안전조치, 환자발생 시 응급조치 요령

⑤ 파크골프 에티켓과 매너

⑥ 파크골프 준비운동과 정리운동

⑦ 파크골프 실기 및 실전으로서 그립 잡는 방법, 스탠스, 어드레스, 스윙, 샷의 종류, 퍼팅, 경기방법 등

⑧ 파크골프 경기규칙 등

문제16. 운동발달의 원리에 대해 설명하시오.

답] ① 운동발달은 연속적이며, 발달은 계속적이고 질서 정연한 단계적 과정

② 운동발달은 순서적이며, 그 순서는 대부분의 경우 거의 일정

③ 신체구조와 심리적 기능발달에는 중요한 결정적 시기가 있다.

④ 운동발달에는 개인차가 있다.

⑤ 운동발달은 다른 영역의 발달과 유기적 관계가 있다.

문제17. 운동기술의 발달에 대해 설명하시오.

답] ① 기술과 관련된 동작이 특정한 목적을 가져야 하며, 수의적인 운동이어야 하고

② 운동기술은 행동의 목적을 달성하기 위해 신체 또는 사지의 움직임이 있어야 한다.

문제18. 운동의 심리적 효과에 대해 설명하시오.

답] 긴장 이완, 스트레스와 불안 감소, 기분상태의 개선, 정신건강의 향상

문제19. 운동의 사회적 효과에 대해 설명하시오.

답] 사회통합, 새로운 인맥, 확대된 사회적·문화적 연결망, 역할 유지와 새로운 역할, 세대간 교류촉진

문제20. 체형에 따른 파크골프 지도방법에 대해 설명하시오.

답] ① 뚱뚱한 체형

- 중심축을 지키기 위하여 백 스윙을 작게 하고
- 몸통 회전이 부드럽게 되도록 준비자세 시 왼발을 오픈하고
- 스탠스를 약간 좁게 하여 몸의 회전을 빠르게 하고
- 이 때, 헤드 스피드를 위한 어깨의 회전이 부족한 부분은 코킹을 이용하여 스피드를 만들어내도록 한다.

② 근육질 체형

- 근육질인 사람은 유연성이 부족하므로 근육을 이완시키는 준비운동을 충분히 실시하고
- 백 스윙 시 왼쪽 어깨의 움직임을 줄여 무리한 백 스윙을 하지 않도록 한다.

③ 키가 큰 유형

- 강력한 파워를 낼 수 있으나 다운 스윙 시 하체의 움직임이 불안정할 수 있으므로 스탠스 폭을 넓혀 하체의 움직임이 안정되도록 한다.

④ 키가 작은 체형

- 자신의 체형을 보완할 수 있는 백 스윙을 만들기 위해서는 어깨의 회전을 충분히 하며
- 스윙의 크기를 크게 하여 헤드 스피드를 만들어내도록 한다.

⑤ 마르고 힘이 약한 체형

- 파워를 키우기 위해 몸을 고정시킨 상태에서 빈 스윙을 주로 하고

– 그립을 강하게 잡고 스윙을 할 수 있도록 한다.

문제21. 연령대가 다양한데 어떻게 지도할 것인지 설명하시오.

답] ① 유소년이나 노인이 운동을 처음 시작할 때, 이론 및 기본기를 갖추는 시간이 힘들 수 있으나 기본기를 갖춘 후 제대로 하는 운동의 매력을 느낄 수 있도록 기회를 만들어 주고, 게임 위주가 아닌 기본기 위주로 지도를 하고

② 노인층은 생활체육의 기본인 정신적, 육체적 건강의 기본을 지켜, 유소년 및 중년층들과도 함께 어울려 운동할 수 있도록 가벼운 스윙동작을 가르쳐 준다.

문제22. 신체활동 중 응급상황 시 행동요령 순서에 대해 설명하시오.

답] 응급상황 인지→도움유무 결정→구급차 호출→부상자 진단→응급처치 실시

문제23. 스포츠 선수의 일탈에 대해 설명하시오.

답] ① 스포츠 환경에서 일어나는 다양한 형태의 규범을 위반하는 행동

② 폭력, 약물복용, 도박, 승부조작, 부정선수 등으로 스포츠 가치를 훼손하는 범죄행위

③ 승리에 대한 집착과 자기관리에 대한 스트레스로 인해 발생

문제24. 스포츠 폭력에 대해 설명하시오.

답] 스포츠 활동 중에 스포츠에 참가하는 사람들 사이에 정신적, 신체적, 금전적 피해를 입히는 행위

문제25. 스포츠 폭력 예방법을 설명하시오.

답] ① 폭력발생 시 신고할 수 있는 연락처를 알아 놓고

② 어떠한 경우에도 신체적 폭력을 행사하지 않고, 인격에 상처를 주는 말과 행동도 하지 말아야 하고

③ 개인의 할 일을 다른 사람에게 강제로 시키거나 다른 사람의 시간을 마음대로 조정하는 일도 폭력이므로, 선후배 사이에도 협동하며 공동생활 규칙을 지켜야 한다.

문제26. 스포츠 성폭력에 대해 설명하시오.

답] 힘과 지위를 이용해 상대방이 원하지 않는 성적행위를 강요하는 것

문제27. 스포츠 성폭력 예방법을 설명하시오.

답] ① 성적 굴욕감과 수치심을 주면 안 된다.

② 신체접촉 시 반드시 동의를 구한다.

③ 친밀감 표현으로 신체접촉을 하는 일을 금지한다.

④ 상담은 공적인 장소에서 한다.

⑤ 음담패설을 금지한다.

문제28. 성폭행, 성추행, 강제추행, 성희롱에 대해 설명하시오.

답] ① 성폭행 : 폭행이나 협박을 사용하여 사람을 강제로 간음하는 행위

② 성추행 : 성적인 흥분, 자극 또는 만족을 목적으로 상대방의 동의를 얻지 않고 일어나는 간음 이외의 성적 가해행위

③ 강제추행 : 폭행이나 협박 등을 통해 상대방에게 성폭력 또는 성추행을 가하는 행위

④ 성희롱 : 성적인 말과 행동 등으로 성적 굴욕감 및 수치심을 느끼게 하는 행위

문제29. 성인지 감수성 혹은 젠더 감수성에 대해 설명하시오.

답] ① 성별간의 불평등에 대한 이해와 지식을 갖춰 일상생활 속에서의 성 차별적 요소를 감지해 내는 민감성

② 법조계에서는 성범죄 사건 등 관련 사건을 심리할 때, 피해자가 처한 상황의 맥락과 눈높이에서 사건을 바라보고 이해해야 한다는 개념

문제30. 성 그루밍에 대해 설명하시오.

답] 피해자와 친분을 쌓아 심리적으로 지배한 후 행하는 언어적, 신체적 성적 착취

문제31. 스포츠 성폭력이 일어난 후 대처방안을 설명하시오.

답] ① 성적 굴욕감 및 수치심을 느꼈을 때, 성폭력임을 알리고 즉시 중단하도록 요구, 가능한 한 피해상황을 벗어나도록 한다.

② 피해자는 피해사실을 숨김없이 대한체육회 스포츠인권센터, 소속 단체의 장, 지도자, 부모님, 수사기관 등 믿을 수 있는 사람 또는 관련 기관에 반드시 알린다.

③ 피해자는 증거를 보존하고 피해사실을 기록한다.

④ 가해자는 피해자에게 사과를 하고, 재발행동을 하지 않아야 한다.

문제32. 학습을 시킬 피드 백을 제공할 때, 내재적인 부분과 외재적인 부분을 설명하시오

답] ① 내재적 : 학습자가 가지고 있는 본질적인 특징으로 심리, 과거 경험, 개인적 특성 등
② 외재적 : PPT, 교재, 강사의 시범 등과 같은 교육자료

문제33. 형성평가에 대해 설명하시오.

답] ① 학습자에게 피드백 효과을 주고 교수법을 개선하기 위해 실시하는 평가
② 목적은 교과과정 교수법 및 학생의 학습을 증진시키기 위한 목적

문제34. 국민체육진흥법에 따라 취득할 수 있는 자격증의 종류를 설명하시오.〈기출문제〉

답] ① 생활스포츠지도사　　　　② 전문스포츠지도사
③ 장애인스포츠지도사　　　　④ 유소년스포츠지도사
⑤ 노인스포츠지도사　　　　⑥ 건강운동관리사

7.2 생활체육

문제1. 생활체육 지도방법에 대해 설명하시오.

> 답] ① 정확한 목표를 가진다
>
> ② 참가자의 개성 및 특성을 파악한다
>
> ③ 참가자에 맞는 지도방법을 개발한다

문제2. 생활체육의 정의에 대하여 설명하시오.〈기출문제〉

> 답] 모든 사회 구성원을 위한 체육활동으로 사회 구성원들의 건강과 복지증진 및 여가선
> 용을 위해 자발적으로 참여하는 사회활동

문제3. 생활체육의 기능에 대해 설명하시오.〈기출문제〉

> 답] ① 사회적 : 사회협력 강화, 준법정신 함양
>
> ② 신체적 : 체력 증진, 성인병 예방, 운동부족 개선
>
> ③ 심리적 : 우울감, 스트레스 완화, 자존감 회복

문제4. 생활체육의 3요소에 대해 설명하시오.

> 답] 시설, 프로그램, 생활스포츠지도사

문제5. 생활체육의 원리에 대해 설명하시오.

> 답] 평등성, 전문성, 평가성, 전달성, 보완성, 다양성, 편의성, 욕구 반영성, 사회성, 자발
> 성 등

문제6. 생활체육의 유형에 대해 설명하시오.

> 답] ① 이용 목적에 따른 분류　　② 이용자에 따른 분류
>
> ③ 영리에 따른 분류　　④ 공공체육시설에 따른 분류 등

문제7. 생활체육의 목표에 대해 설명하시오.

답] ① 건전한 여가활동으로 건강을 증진

② 협동심과 공동체 의식을 함양

③ 신체적, 정서적, 사회적 발달을 목적

④ 국민화합에 기여

문제8. 생활체육의 필요성에 대하여 설명하시오.

답] 국민건강 유지, 사회구성원의 체력 저하에 대한 방안, 여가 활용수단, 스트레스 및 우울감 등의 해소, 공동체 의식강화를 위해 생활체육이 필요

문제9. 생활체육의 영역에 대해 설명하시오.

답] ① 가정체육 : 가족이 함께 즐겁게 운동에 참가하게 하여 가족간의 유대감을 강화

② 지역사회체육 : 누구나 자유롭게 참여할 수 있게 하여 지역사회의 유대감과 연대감을 증대

③ 직장체육 : 근로자의 정신적, 신체적, 사회적 건강을 향상시킴으로써 노동생산성 향상, 직무 만족도를 높이며, 노사관계를 개선

④ 상업체육 : 체육활동 관련 서비스나 상품을 제공하여 영리를 추구

문제10. 생활체육의 가치란 무엇인지 설명하시오.

답] ① 생활체육은 국민건강 증진과 사회적 연대강화, 삶의 질 향상에 큰 역할을 하며

② 특히, 파크골프는 고령인구가 함께 할 수 있는 활동으로서 세대간의 이해와 소통, 그리고 자존감 회복에 기여한다고 생각합니다.

문제11. 생활체육의 활성화 방안에 대해 설명하시오.

답] ① 생활체육 시설의 확충과 자유로운 개방

② 지역적, 연령별, 계층별 특성에 맞는 다양한 프로그램의 개발과 보급

③ 자발적으로 참여하는 생활체육 동호인 조직의 활성화

④ 스포츠지도사의 효율적 활용 및 관리와 함께 생활체육 홍보 및 정보 서비스의 선
진화

문제12. 생활체육의 생리적 기능에 대해 설명하시오.

답] 산업사회에서 나타나는 운동부족을 개선하는 신체활동을 제공하여 건강을 유지, 증
진, 성인병 예방과 질병치료의 보조적 기능을 제공

문제13. 생활체육의 심리적 기능에 대해 설명하시오.

답] 사회구성원의 긴장, 갈등, 스트레스 등을 완화하여 정서적 균형과 안정감을 유지하
고, 함께 참여하는 사람에 대한 우애, 친밀감 등 감정적 유대감을 형성

문제14. 생활체육의 사회적 기능에 대해 설명하시오.

답] ① 스포츠를 통해 올바른 규범의식을 학습함으로써 사회성을 기르고
② 공동체 의식강화로 국민화합을 하고
③ 사회구성원의 건강을 향상시킴으로서 사회적 생산성을 증가

문제15. 생활체육 지도자의 지도방법에 대해 설명하시오.

답] ① 개인차 고려, 적당한 경쟁심, 협동심 조장
② 구체적이고 체계적인 지도기법 개발
③ 참가자에 그 종목에 관한 상세한 정보를 제공
④ 자발적으로 참여하도록 유도기법을 창안

문제16. 생활체육지도사의 개념에 대하여 설명하시오.〈기출문제〉

답] 체육참가자의 태도나 행동에 영향을 미치고, 그들에게 어떤 목적이나 올바른 활동방
향을 제시하거나 안내하며 가르치는 사람

문제17. 생활체육 파크골프지도사의 자질에 대해 설명하시오.

답] 파크골프지도사가 갖춰줘야 할 자질은 파크골프를 생활스포츠로 지속적인 참여를 만들기 위해 교육생들을 배척하지 않는 친절함, 공명정대, 올바른 교육 스킬 등

문제18. 생활스포츠지도사의 일탈행위와 개선대책에 대해 설명하시오.

답] ① 일탈행위
- 도박, 승부조작, 경기력 향상을 위한 약물복용, 체벌 그리고 성적인 문제 등의 행위
- 파크골프에서는 입상에 눈이 멀어 스코어 카드 오작성 등의 승부조작 행위

② 개선대책
일탈행위를 방지하기 위하여 페어 플레이 정신 등의 교육을 강화

문제19. 생활스포츠 민간시설에 대해 설명하시오.

답] ① 개인, 기업, 사회단체 등이 영리 또는 비영리의 목적으로 설치한 체육시설로
② 빙상장, 헬스장, 태권도장, 수영장, 파크골프장 등이 해당

문제20. 생활체육 프로그램 기획단계에 대해 설명하시오.

답] 프로그램 기획철학 및 목적이해, 요구조사, 목표설정, 계획수립, 실행평가

문제21. 생활체육 프로그램계획 시 포함해야 할 요인 5가지를 설명하시오.

답] 지도자, 참가자, 장소, 기구, 프로그램

문제22. 생활체육 프로그램 계획단계에 대해 설명하시오.

답] 프로그램 이해 → 욕구조사 → 목표설정 → 계획수립 → 실행 → 평가

문제23. 국민체육진흥법에서 생활체육지도사의 범위에 대해 설명하시오.

답] 학교, 직장, 지역사회, 체육단체 등에서 체육을 지도할 수 있도록 국민체육진흥법에 따라

해당자격을 취득한 사람으로, 자격종목에 대한 전문 체육, 생활체육을 지도하는 사람

문제24. 생활체육 지도의 목표에 대해 설명하시오.

답] ① 건강한 생활체육 문화를 확산시키는 것이며

② 이를 위해 다양한 생활체육 프로그램을 마련하고

③ 각종 클럽을 육성, 활성화, 그 과정에서 전통체육을 보급

문제25. 생활체육지도사가 수업을 진행하기 전 확인해야 하는 교육참가자의 특성에 대해 설명하시오.

답] 학습자가 가지고 있는 본질적인 특성인 심리, 과거 경험, 개인적 특성, 체력, 경력 등

문제26. 생활체육시설의 유형에 대해 설명하시오.

답] ① 민간체육시설 : 모든 비영리 체육시설 및 개인 또는 기업의 영리, 상업시설

② 공공체육시설 : 불특정 다수의 국민에게 저렴한 비용으로 서비스를 제공하는 시설

문제27. 민간체육시설의 종류에 대해 설명하시오.〈기출문제〉

답] ① 체육기관의 고유 목적을 위해 설치, 운영하는 비영리 체육시설

② 영리를 목적으로 하는 상업용 체육시설

7.3 유소년체육

문제1. 유아의 정의에 대해 설명하시오.

답] 생후 1년부터 6세까지를 어린이라고 하며, 유아교육법에서는 3세부터 초등학교 취학 전까지의 어린이를 뜻한다.

문제2. 유소년의 정의에 대해 설명하시오.

답] ① 유아와 소년을 아울러 이르는 말

② 2012 체육진흥법 개정에 따른 유소년은 만 3세부터 초등학생까지의 아동을 말한다.

문제3. 유소년체육에 대해 설명하시오.

답] ① 유소년 체육의 정의는 유아체육의 정의와 같다.

② 다만, 현재 우리나라 체육분야에서는 국가스포츠지도사 과정에서 유소년스포츠
사 과정을 만들게 됨으로써 유소년(만3세~12세 초등학생)을 대상으로 하는 체육
을 말한다.

문제4. 유소년 지도목적에 대해 설명하시오.

답] 활발한 신체활동을 통해 대근육 및 소근육의 발달, 운동능력, 인지능력 발달 및 사회
적, 정서적 발달을 도모하는데 목적

문제5. 유소년의 지도원리에 대해 설명하시오.〈기출문제〉

답] 놀이 중심, 생활 중심, 탐구학습, 융통성, 개별화

문제6. 유소년 교육방법에 대해 설명하시오.〈기출문제〉

답] ① 운동시간이 너무 긴 경우, 집중력이 떨어지고, 운동에 대한 학습효과도 낮아지므
로 여러 번 나누어 실시

② 기술 위주의 교육보다 놀이의 개념으로 접근

문제7. 유소년 지도계획안에 들어가야 하는 내용에 대해 설명하시오.

답] ① 흥미 유발 프로그램을 구성

② 신체적으로 근육과 뼈가 완성되지 않은 상태이므로 저강도 운동을 진행

③ 여러 번 나누어서 교육을 실시

④ 과도한 경쟁보다는 스포츠맨쉽 및 인격형성

문제8. 유소년 지도 시 유의사항에 대해 말하시오.

답] ① 신체의 크기가 작아 적절한 용구를 사용해야 하고

② 체온조절 시스템이 완전하지 않아 열 상해 및 수분섭취에 유의해야 하고.

③ 고강도의 운동은 피하고

④ 흥미 위주의 중저강도 운동을 진행하는 것이 좋다.

문제9. 유소년 스포츠의 목적에 대해 설명하시오.

답] ① 대/소 근육발달

② 사회성 발달(인내심, 협동심, 규율)

③ 정서발달(자기 통제력, 움직임, 욕구충족)

④ 인지적 능력(공간, 지각력, 운동능력을 통한 개념학습)

⑤ 언어 신체/운동능력 발달

문제10. 유소년스포츠 프로그램 목표에 대해 설명하시오.

답] ① 창의성, 협동심을 발달

② 특기, 적성을 탐색

③ 인성교육을 실천

④ 스트레스 해소 및 즐거움을 증대

⑤ 건강유지와 신체활동의 가치를 추구

문제11. 유소년의 스포츠 활동참여 이유에 대해 설명하시오.

답] ① 신체적 유능감 표현(운동기술 배우기, 목표달성 등)

② 사회적 인정(소속감, 친구 사귀기 등)

③ 즐거움(재미 추구, 에너지 분출)

문제12. 국민체육진흥법에서 명시한 스포츠지도사의 정의에 대해 설명하시오.

답] 유소년의 행동양식, 신체발달 등에 대한 지식을 갖추고 해당 자격종목에 대해 유소년

을 대상으로 체육을 지도하는 사람

문제13. 유소년스포츠지도사의 자격에 대해 설명하시오.

답] ① 유소년 체육 : 유아체육과 정의는 동일하나 체육계에서는 국가 스포츠지도사과정
과 유소년스포츠지도사를 분리하고 있다.

② 유소년스포츠지도사 : 유소년(만 3세부터 중학교 취학 전까지)의 행동양식, 신체
발달 등에 대한 체육을 지도하는 사람을 말한다.

문제14. 유소년지도사의 자질에 대해 설명하시오.

답] ① 놀이로 인한 신체발달　　　② 유소년을 사랑하는 마음
③ 봉사정신　　　④ 건전한 성품
⑤ 인내심과 평정심

7.4 노인체육

문제1. 노화의 개념에 대해 설명하시오.

답] ① 노화란 생물학적 자연현상

② 나이가 들면서 겪게 되는 쇠퇴적인 변화현상을 의미

③ 생물학적, 심리적, 사회적 개념을 포괄

문제2. 노화의 정의에 대해 설명하시오.

답] 육체적으로 나이가 들어가는 연대기적 과정을 의미

문제3. 노화에 따른 사회적 변화를 설명하시오.

답] ① 역할의 변화로 인해 대인관계가 위축

② 사회 참여도가 감소

③ 타인에 대한 의존성이 증가

④ 가족이나 사회로부터 사회적 고립감으로 이어질 수 있다.

문제4. 노화의 신체적 변화에 대해 설명하시오.〈기출문제〉

답] ① 심혈관계와 호흡계의 기능 저하

② 근육 및 신경기능 감소

③ 관절 유연성 감소

④ 골밀도(BMD) 감소

문제5. 노화로 인해 발생되는 심리적 욕구에 대해 설명하시오.

답] 안정된 노후, 자신의 존재가치의 재확인, 적절한 신체활동 욕구, 다수의 사람과 상호
작용을 원하는 특징이 있다.

문제6. 노화에 따른 신체기능의 변화에 대해 설명하시오.

답] 씹음·삼킴기능 저하, 소화·흡수기능 저하, 대사기능 저하, 신체조성의 변화(수분, 근
육, 뼈 감소), 골밀도 감소, 장기의 중량감소, 탄수화물 대사율 증가, 혈당량 높아짐,
연골조직 퇴화, 신장 감소, 관절염·운동능력이 감퇴하는 특징이 있다.

문제7. 노화로 인한 신체적 변화와 심리적 특성을 설명하시오.

답] ① 노화로 인해 근육량과 심폐기능 등 전반적인 신체기능이 약해지고, 이로 인해 최
대심박출량과 최대산소섭취량이 감소되어 유연성과 균형 감각과 같은 운동능력
이 저하된다.

② 골다공증이나 기타 심혈관계 질환이 발생할 가능성이 높아진다.

③ 심리적으로도 건강의 쇠퇴와 사회나 가족으로부터의 고립감 등으로 인한 불안과
우울감이 발생하게 된다.

문제8. 노화에 관련된 인지기능 변화에 대해 설명하시오.

답] 기억력 저하, 인지능력의 저하, 행동의 반응시간이 느려짐 등이 있다.

문제9. 노인의 정의에 대하여 설명하시오.

답] 65세 이상으로, 육체적, 정신적으로 능력과 적응성이 퇴화되는 시기로 사회적 지위와 경제능력의 약화로 사회적 고독감이 발생하는 시기이다.

문제10. 노인의 심리적 변화에 대해 설명하시오.〈기출문제〉

답] 정신적으로는 사회적 관계의 축소로 인한 고립감 등 불안감을 느끼게 된다.

문제11. 노인의 사회적 특성 변화에 대해 설명하시오.

답] ① 사회적 지위와 권위의 하락

② 경제적 능력 약화

③ 인간관계 유지와 사회활동 참여에 대한 욕구 증대

④ 사회적 고독감 또는 소외감 증가

문제12. 노인지도 방법에 대해 설명하시오.

답] 흥미로운 지도와 시범을 보여 주며, 간단하고 쉬운 동작에서 어려운 동작으로 지도한다.

문제13. 노인들의 건강증진을 위한 가장 효과적인 저항운동의 예를들어 설명하시오.

답] ① 노년기에는 근력, 유연성, 평형능력 등이 약화되어 있으므로 의자에 앉았다 일어나기, 물건 옮기기, 누웠다 일어나기 등의 자신의 체중을 이용한 부하운동이 적절하며

② 그 후 근력이 향상되면 웨이트 머신의 사용을 권장할 수 있다.

문제14. 노인운동의 역할에 대해 설명하시오.

답] ① 긍정적 역할

- 근골격계와 심폐기능을 향상   - 균형감각이 상승

- 우울증 감소   - 기억력 향상

- 인지능력 향상   - 정서적 안정 등

② 부정적 역할

- 근골격계 상해   - 심혈관 상해

- 체온 및 수분조절 장애   - 저혈당 위험성 증가

- 운동 중독 등

문제15. 젊은 사람과 다르게 하여야 하는 노인운동 방법을 설명하시오.

답] ① 근육량과 골밀도가 감소하여 근력이 많이 약화하며, 유연성과 반사작용 등에서 운동수행에 불리한 조건을 가지게 된다.

② 경우에 따라, 노인성 질환을 가진 경우도 있으므로 개인적인 조건을 고려하여, 강도, 빈도, 시간 등의 요소를 철저히 관리하며 운동에 참여시켜야 한다.

문제16. 노인운동 지도방법에 대해 설명하시오.

답] ① 근육량, 골밀도, 폐활량, 유연성 등이 감소하게 됨에 따라 개인적인 조건을 고려하여

② 운동의 강도, 시간, 빈도 등을 철저히 관리하여 운동에 참여하도록 조정하고

③ 신체적, 심리적, 사회적 특수성을 고려하여

④ 신체적 능력을 유지하면서 부상을 예방할 수 있는 운동방식의 선정이 필요하고

⑤ 운동참여를 통해 활발한 사회적 교류가 이루어질 수 있도록 다양한 프로그램 개발도 필요합니다.

문제17. 노인운동 지도 시 주의점에 대해 설명하시오.

답] ① 준비운동을 실시하고 상체보다 약한 하체의 근력을 향상시켜 주는 저강도 유산소 운동을 위주로

② 갑작스러운 움직임으로 넘어질 수 있는 동작은 제외시켜 안전을 우선으로 프로그램을 운영

③ 노년기의 운동의 목표는 노화현상을 늦추는 것

④ 심리적 활력과 자신감을 유지할 수 있도록 저강도 운동을 꾸준히 실시하는 것이 중요

⑤ 유연성과 균형감각이 떨어지기 때문에 준비운동은 필수

⑥ 항상 안전을 우선에 두고 가벼운 저항운동이나 저강도 유산소운동과 스트레칭 등을 실시

문제18. 고령자 대상 파크골프 지도 시 주의할 점을 설명하시오.

답] ① 고령자의 체력과 반응속도를 고려한 적절한 운동강도 조절이 필요

② 또한, 전문용어보다는 일상적인 표현으로 설명하고, 반복학습을 통해 부담없이 참여할 수 있도록 지도해야 한다.

문제19. 노인이 파크골프에 참여할 때 얻을 수 있는 긍정적인 효과를 설명하시오.

답] 운동참여를 통해 얻어지는 자기효능감이 정서적, 사회적 안정감을 형성하는 데에도 효과가 있다.

문제20. 노인은 젊은 사람에 비해서 다르게 운동을 해야 되는지 설명하시오.

답] ① 노화가 진행되면 근육량, 골밀도가 감소하여 근력이 많이 약화

② 그리고, 폐활량, 유연성, 신경반사작용 등에서 운동수행에 불리한 조건을 가지게 되며, 경우에 따라 노인성 질환을 가진 경우도 있다.

③ 따라서, 개인적인 조건을 고려하여 강도, 운동빈도, 운동시간 등의 요소를 철저히 관리하며 운동에 참여해야 한다.

문제21. 노인의 신체적, 정신적 변화에 따른 지도방법을 설명하시오.

답] ① 신체적으로는 체력, 유연성, 균형감, 회복력 등의 기능이 약화

② 정신적으로는 사회적 관계의 축소로 인한 고립감 등의 불안을 가지게 된다.

③ 신체적 능력을 유지하면서 부상을 예방할 수 있는 운동방법이 필요

④ 운동참여를 통해 사회적 교류가 발생할 수 있도록 유도하는 것도 중요

문제22. 노인을 대상으로 한 파크골프 지도방법을 설명하시오.

답] ① 노인에게 맞는 적합한 운동강도와 운동시간, 운동형태, 빈도 등을 고려해야 한다.

② 특히, 부상예방 및 안전에 최우선을 두고, 유연성 및 균형감각을 유지하여 운동에 참여할 수 있도록 배려해야 합니다.

③ 이로 인해 노인이 운동참여를 통해 자기효능감이 생기고, 정서적, 사회적 안정감을 형성하는데 효과가 생길 수 있게 한다.

문제23. 노인 운동방법과 운동효과에 대해 설명하시오.

답] ① 저강도에서 점차 강도를 높인다.

② 운동량보다 빈도를 높이며, 신체활동을 통한 체력증진과 함께 생활의 활력소를 높인다.

③ 삶의 질 향상과 수명에 영향을 준다.

문제24. 노인운동 시설에서 안전하게 장비를 제공하는 방법을 설명하시오.

답] 안전장비는 적절한 위치에 배치시키고, 어디서나 눈에 띄도록 표시나 스티커를 부착하도록 한다.

문제25. 노인운동 프로그램의 목표에 대해 설명하시오.

답] 시간과 기간에 근거하여 단기와 장기로 구분하고, 달성이 용이한 것으로 설정하며, 신체능력에 맞게 구체적으로 설정한다.

문제26. 노인스포츠의 중요성을 설명하시오.

답] ① 국가발전과 국민의 의식향상 및 식생활 개선으로 인간의 수명이 길어져 고령인구
가 증가하고 있다.

② 이제는 노인스포츠지도사들이 스포츠를 통해서 노인들과 함께 하여 정신건강과
신체건강을 갖도록 하여, 건강한 정신과 건강한 몸으로 노년의 삶을 즐겁고 행복
하게 살도록 해야 한다.

문제27. 노인스포츠 프로그램의 구성요소에 대해 설명하시오.

답] ① 준비운동 : 관절 가동범위 위주의 운동

② 유산소운동 : 지속적인 근육활동, 심폐지구력을 향상

③ 저항운동 : 주요 근육을 강화

④ 정리운동 : 유연성 운동을 포함

문제28. 노인스포츠 프로그램 진행 시 유의사항에 대해 설명하시오.

답] ① 준비운동, 정리운동을 실시

② 낙상 등 안전사고의 위험성을 최소화

③ 충분한 휴식과 영양섭취를 지도

④ 매일 신체를 체크하여 상태에 따라 운동량을 조절

⑤ 장비와 시설, 가용시간을 고려

문제29. 노인운동 프로그램 구성 시 고려사항에 대해 설명하시오.〈기출문제〉

답] ① 각종 심혈관, 외과적 질환을 확인

② 질병이 있는 경우, 운동 가능 여부의 확인이 필요

③ 유연성과 골밀도가 낮아 운동 전 준비운동이 필수

④ 저강도의 운동

문제30. 노인운동 프로그램 설계 시 유의사항에 대해 설명하시오

답] ① 체력, 신체조건 등의 개인차가 크므로 운동 전에 의학적 진단이나 운동부하검사,

체력진단 등을 먼저 실시한다.

② 심폐지구력, 근력, 유연성 개선을 통해 신체활동 능력을 높이는데 중점을 두고 프로그램을 구성하여야 한다.

문제31. 노인체육지도자의 역할과 지도 시 유의사항에 대해 설명하시오.

답] ① 노인들의 건강과 삶의 질을 높여주는 것을 목표로 지도

② 안전을 최우선으로 하며, 부상방지를 위하여 과도한 신체동작은 자제

문제32. 노인스포츠지도사의 역할에 대해 설명하시오.

답] ① 파크골프지도사의 역할, 파크골프를 생활체육으로 참여하는 동호인들이 많이 늘어날 수 있도록 동호인의 동호활동을 지원하고 지속적인 참여를 독려하고

② 노인들에게 새로운 커뮤니티 공간이 되며, 노인들의 사회적 소통문제를 해결합니다.

③ 또한, 노인성 질환을 가지고 있는지를 정확하게 파악하여 운동 중 발생할 수 있는 사고도 예방해야 한다.

④ 아울러 운동을 통해 다른 사람과의 사회적 교류를 늘리는 일도 부수적으로 고려할 사항이다.

문제33. 파크골프 노인스포츠지도사의 역할을 설명하시오.

답] ① 파크골프 기술을 지도

② 규칙 및 에티켓을 교육

③ 건강관리 및 안전을 지도

④ 동기부여 및 생활체육 참여를 유도

⑤ 지역사회 연계 및 행사기획을 할 수 있도록 지도

문제34. 노인스포츠지도사가 갖추어야 할 요건에 대해 설명하시오.

답] ① 우수한 실기능력

② 상냥한 대인태도

③ 참여자의 의견을 경청하는 능력

④ 참여자에게 운동기술을 이끌어내는 동기유발 능력

문제35. 노인스포츠지도자의 의사소통 기술에 대해 설명하시오.

답] 효과적인 의사소통 기술은 언어적 기술, 비언어적 기술, 자기주장 기술 등이 있다.

문제36. 노인스포츠지도사 관련하여 설명하시오.

답] ① 노화에 따른 신체적 변화, 신체 구조와 기능의 저하

② 근육량, 심폐기능이 약화

③ 근력, 지구력, 유연성, 균형감각 등 전반적인 운동능력이 저하

④ 고혈압, 당뇨, 동맥경화, 골다공증 등 만성질환 유병률이 증가

⑤ 신경기능 저하로 인지능력, 반응시간, 시청각 기능 등 감소

문제37. 노인지도 방법과 지도사의 자질에 대해 설명하시오. 〈기출문제〉

답] * 노인지도 방법

① 개인의 신체적, 생리적 특성을 고려

② 쉬운 목표부터 점진적으로 목표를 높여 지도

③ 양방향적인 관계를 구성

④ 안전과 부상예방에 대한 노력

* 노인스포츠지도사 자질

① 노화와 신체활동에 대한 전반적인 이해

② 지도기술

③ 의사소통 능력

④ 응급치료 능력

⑤ 의료적 문제가 있는 노인을 위한 프로그램을 설계

문제38. 노인스포츠지도사의 의사소통 기술 및 원칙에 대해 설명하시오.

답] ① 전문용어나 일반적으로 흔히 사용하지 않는 단어 사용하지 않기

② 전달 내용을 명확하고 간결하게 말하기

③ 운동 참여자와 눈을 자주 마주치기

④ 운동 참여자를 정면에서 쳐다보며 눈 맞추기 등이 있다.

문제39. 노인성 질환에 대해 설명하시오.

답] 노화에 따른 신체기능 저하로 발생되는 모든 질병으로 고혈압, 뇌졸증, 골다공증, 관절염, 파킨슨병 등이 있다.

문제40. 노인 저항성 운동 예시를 설명하시오.

답] 앉았다 일어서기, 누워서 다리들어 올리기, 팔굽혀 펴기, 복근운동 등

문제41. 노인들의 가장 효과적인 부하운동을 설명하시오.

답] ① 근력, 유연성 평형능력 등이 약화하므로

② 의자에 앉았다 일어나기, 물건옮기기, 누웠다 일어나기 등의 자신의 체중을 이용한 부하운동이 적절하다.

문제42. 체력이란 무엇인지 설명하시오.

답] ① 체력은 인간 생존 활동의 기초가 신체적 및 정신적 능력이며

② 근력, 근지구력, 심폐지구력, 유연성 등이 있다.

문제43. 국민체력 100에서 제시한 노인인력 측정항목에 대해 설명하시오.

답] 악력 검사, 의자 앉았다 일어서기, 6분 걷기 검사, 앉아서 윗몸 앞으로 굽히기(좌전굴)

참고문헌

1. 박성두, 이광자, 박재광, 박수희, "쉽게 배워서 즐기는 파크골프 이론과 실기", 글터, 2025.

2. 김대광·박래후·방정원 편저, "기초부터 실전까지 파크골프 잘 치는 법", 파크골프신문사, pp.6-184, 2021.

3. 김대광·박래후, "함께해요 파크골프", 파크골프신문사, pp.6-110, 2020.

4. 오명근 편저, "ParkGolf 이론과 실제 파크골프 교본", 도서출판 한글, pp.6-197, 2011

5. 이금용, "파크골프 표준교재", (사)대한파크골프협회, pp.8-128, 2021.

6. 천성희, "KPGP공인인증규정 파크골프 총론", (사)대한파크골프연맹, pp.4-154, 2021.

7. 박종훈 외 5인 공저, "노인스포츠지도사 연수교재", 국민체육진흥공단, 2018.

8. 이금용, "파크골프 지도자 자격검정 문제집", (사)대한파크골프협회.

9. 국민체육진흥법 제11조 등, "2급 생활스포츠지도사 자격 정의 및 관련 근거", 국민체육진흥공단.

10. 국민체육진흥법 제11조 등, "유소년스포츠지도사 자격 정의 및 관련 근거", 국민체육진흥공단.

11. 국민체육진흥법 제11조 등, "노인스포츠지도사 자격 정의 및 관련 근거", 국민체육진흥공단.

12. 루카, "파크골프 스포츠지도사 구술시험".

13. (사)대한파크골프협회, 파크골프 경기규칙, 2024.

14. 섬네일, 생활스포츠지도사 2급 파크골프 구술시험 대비, 2025.

15. 섬네일, 생활스포츠지도사 2급 파크골프 구술시험④ 대비, 2025.

16. 파돌이, 파크골프 생활스포츠지도사 구술시험 기출문제 1탄, 2024.

17. 파돌이, 파크골프 생활스포츠지도사 구술시험 기출문제 2탄, 2024.

18. 파돌이, 파크골프 생활스포츠지도사 구술시험 기출문제 3탄, 2024.

19. 루카, 파크골프 연습자세부터 퍼팅까지 집에서 완전정복, 꿀팁, 2025

20. 루카, 2025년 파크골프 실기시험 예상질문 10가지, 2025

21. 파돌이, 2024년 생활체육지도사 파크골프 구술시험준비, 2025

22. 파돌이, 스포츠지도사 파크골프 구술 기출문제(생체2급, 노인, 유소년)

23. 파돌이, 파크골프 노인스포츠지도사 구술평가 기출문제, 2024.

24. 김예진, 이승진, 2025년 대비 파크골프스포츠지도사 실기구술고사편, 위즈 커뮤니케이션즈,

2024.

25. 방하학, 2급생활스포츠지도사 파크골프 실기구술 예상문제1, 2025.

26. 방하학, 2급생활스포츠지도사 파크골프 실기구술 예상문제2, 2025.

28. 방하학, 2급생활스포츠지도사 파크골프 실기구술 예상문제3, 2025.

29. 루카, 파크골프 생체2급 구술시험 문제풀이 정리, 2025

30. 루카, 파크골프 스포츠지도사 구술시험, 까다로운 질문 총정리, 2025.

31. 안승기 외, 해커스 스포츠지도사 2급 필기, 해커스, 2025.

32. 맹이섭, 신상현, 스포츠지도사 핵심문제집, 신지원, 2019.

33. 장승규, 키포인트 노인체육론, 스포츠위즈, 2020.

편저자 소개

박성두(朴成斗)
충남대학교 기계공학박사
국립 공주대학교 명예교수
노인스포츠지도사(파크골프),
파크골프1급지도자
파크골프 동호인 11년 활동(교육이사, 회장,
고문, 대학교 파크골프 강사)
E-mail : sdpark@kongju.ac.kr
전화번호 : 010 2694 0810

이광자(李光子)
건축공학사, 건축기사, 파크골프1급지도자
제26회 충청남도민생활체육대회 수상
아산시파크골프스포츠클럽 초대회장
파크골프 동호인 11년 활동(회장, 고문)

2급생활·유소년·노인스포츠지도사
파크골프 실기 및 구술시험 가이드북

2026년 1월 27일 초판 인쇄
2026년 2월 10일 초판 발행

지은이 박성두·이광자 공편
펴낸이 한신규
디자인 노은경
펴낸곳 글터 GEUL TEA
주소　　05768 서울특별시 송파구 거마로2길 3-21(거여동)
전화　　070-7613-9110　Fax 02-443-0212
E-mail geul2013@naver.com
등록　　2013년 4월 12일(제25100-2013-000041호)

출력·인쇄 수이북스　**제본** 보경문화사　**용지** 종이나무